U0876846

看得开 放得下

牧 原/著

中国言实出版社

图书在版编目（CIP）数据

看得开　放得下 / 牧原著. -- 北京 : 中国言实出版社, 2015.11

ISBN 978-7-5171-1668-4

Ⅰ. ①看… Ⅱ. ①牧… Ⅲ. ①人生哲学－通俗读物 Ⅳ. ①B821-49

中国版本图书馆 CIP 数据核字(2015)第 272022 号

责任编辑：张志华

文字编辑：张东妮

出版发行　中国言实出版社

地　址：北京市朝阳区北苑路 180 号加利大厦 5 号楼 105 室

邮　编：100101

编辑部：北京市海淀区北太平庄路甲 1 号

邮　编：100088

电　话：64924853（总编室）64924716（发行部）

网　址：www.zgyscbs.cn

E-mail：zgyscbs@263.net

经　销　新华书店

印　刷　天津鑫旭阳印刷有限公司

版　次　2016 年 4 月第 1 版　2023 年 10 月第 2 次印刷

规　格　710 毫米×1000 毫米　1/16　16 印张

字　数　193 千字

定　价　35.00 元　ISBN 978-7-5171-1668-4

前　言

忙忙碌碌的生活，各种各样的压力，让生活在这个时代的我们有一种窒息的压迫感。尘嚣世界，忙碌人生，何时才能有个清静？人总得寻觅一处属于自己的宁静世界，来摆脱外界的聒噪，浸润枯燥的心灵。于是乎，在周末，在假期，人们都想着远离喧嚣的都市，驱车去郊外的农家小院，暂得一时的安宁。然而，“树欲静而风不止”。闹中取静谈何容易。这一切皆因我们的心不静，我们计较的太多，我们强求的太多。静由心生，心不静则烦恼生。我们每天都在经历着形形色色的事情，其心情的体验各有不同，有喜有忧，有烦有怒。这时候就需要我们有一颗平静的心了。心静则宁，古人曰：“静而后能安，安而后能虑，虑而后能得。”静心，指的是去私欲障碍，破心中贼子，立心中“智”字，即在尘世中安下心来，不让名利等外物占据心田。

在躁动中人们往往会迷失自我，时时静默，拭去心头的慌乱，才能让心平和。所谓宠辱不惊，看庭前花开花落，去留无意，望天上云舒云卷。一个“静”字，既是方法，又是心态。古往今来，很多古贤圣哲都对“心静”有着极深的体悟。静心成了儒、道、佛三家窥探天道的共同的入门途径。清末圣人曾国藩的修身养性十二条中，“静”字功夫就列在第二位。

在繁杂的人世间，能够保持一份心灵的宁静，随时回到自己的内心深处，细细品味生命的微妙，无疑是一种修身养性的人生境界。紧张时静静心，你会拥有一份从容和镇定；愤怒时静静心，你更能和风细雨地化解矛盾；疲惫时静静心，你会更有信心地走好后面的路；得意时静静心，不要过分忘形，你会发现这点成功实在是微不足道；失意时静静心，不要盲目悲观，你会发现自己其实有很多优点；痛苦时静静心，不要借酒消愁，你会发现看淡一点，快乐其实离你并不遥远；绝望时静静心，不要意气用事，你会发现生活的另一面正阳光灿烂、繁花似锦……

不要企图静心给你带来什么奇迹或神奇的经验，这些都是不甘寂寞的想法，都是内心虚弱的表现。其实静心只是让你开始了解真正的自己，让压力的灰尘得以沉淀、洗涤，让压抑的情绪得到放松，让匆忙的步调得以舒缓。随时静下心，整理一下自己的心情，校定方向，再从容起程，就能走出一个崭新的自我。

本书从生活的各个方面，用深入浅出的道理和一个个富有人生哲理的小故事，为读者朋友开启了一条自己与自己内心对话的快乐之旅。它教你怎样开阔自己的心胸、怎样调节自己的心情、怎样创造快乐、怎样把平凡的日子过得生机勃勃……

亲爱的朋友，当你逐页读完这本书，你的内心会豁然开朗，你会成为自己内心唯一的主人。

目 录

001. 想要的越多，活得越累

生活中，我们经常听到有人哀叹：“唉！活得真累！”哪里累呢？其实不是身体累，而是心里累。其实，每个人所需要的东西都是有限的，房子够住就行，钱够花就行，为何有了一套房子，还想要更多呢？为何赚了一笔钱还想再赚一笔呢？过度的欲望就像洪水，它源源不断，没有休止，没有尽头，最终会将贪欲者淹没。

为什么有些花儿几天无人照料，就会枯萎，而仙人掌却不这样呢？与其说仙人掌生命力顽强，不如说它对阳光、雨露的欲求不多。其实，人也应该这样。物欲是无穷的，生命是有限的。一个人要想在有限的生命里永远活得轻松快乐，就必须舍弃不切实际的欲望，学会顺其自然地、平平淡淡地看待物质，得之不狂喜，失之无悔意，这样才能感受到生命的美好，才能发现拥有的快乐。

物质可以无限制地增加，但如果没有健康的身体，所有的一切就都成了零，也就失去了享受的意义。尽管“水往低处流，人往高处走”是永恒不变的真理，尽管有追求的人生才充满精彩，可是这并不能否定节制欲望、平淡生活的意义。想要的少一些，幸福也就会多一些。

人生感悟

人活在世，前后不过几十年，为什么不换一种活法，抛弃欲望的重负，享受轻松愉悦的人生呢？千万不要等到生命走到了尽头，在回

首往昔时，才发现自己穷得只剩下钱了，却没有美好的欢愉，这样的人生毫无色彩可言。

002. 攀比，没有胜者的追逐游戏

当你朝九晚五挤公交时，你或许不知道，还有很多人在忙着找工作；当你为工作而寻觅时，还有很多人永远不能工作了。俗话说："知足常乐。"可是真正知足的人又有几个？在生活中，很多人都有较强的虚荣心，迷恋于攀比，比赢了似乎能显得自己高人一等，让自己有一种优越感；比输了，就会徒增烦恼，莫名感伤，觉得自己不如人。

父母对孩子说："你看人家，学习成绩那么好，你怎么就这么不争气呢？"于是孩子伤心难过起来；妻子对丈夫说："你看人家丈夫，又会赚钱，又疼老婆，给老婆买衣服、化妆品，把老婆打扮得漂漂亮亮的，你怎么一点出息都没有？"于是丈夫失落了。很多人就是在这样的嫉妒与攀比中迷失了自己，也毁灭了家人的幸福。

攀比是痛苦的根源，也是一场没有胜利者的追逐游戏，无论你多么强大，只要你迷上了攀比，你永远都是失败者。正所谓"人比人，气死人"，即使你是亿万富翁，只要你爱攀比，你也会找到比自己更有钱的人，并为此郁郁寡欢。

其实，你已经非常优秀了，但因为攀比，你让自己活得不快乐，这不是在和自己过不去吗？要知道，事物总是在不断变化的，当你发现自己不如别人时，别忘了，还有很多人不如你，如果你能这么想，那么你的心态会平和很多。而那些过得闷闷不乐的人，并非自己的处

境多么悲惨，而是因为他们只看到了别人的优势，却忽视了自己的闪光点。这样一来，怎么可能活得开心，过得幸福呢？

人生感悟

永远不要盲目攀比，而要做真实的自己，发现属于自己的快乐，享受自己独特的生活。比上不足，比下有余，是人生的最真实的体验，只要你能保持一颗淡然知足的心，你总能收获一份恬静的好心情。

003. 过度的欲望是幸福的毒药

英国著名的思想家约翰·弥尔顿曾说过：“一个人如果能控制自己的激情、欲望和恐惧，那他就能成为国王。”面对生活中的很多事情，你所求的越多，往往失去的也越多。当有一天，你迷失了自己，失去了快乐，不知道生活的意义时，你就明白了：原来过度的欲望是幸福的毒药，毒害的是自己的身心，毒害的是自己的灵魂。

其实，人的一生并不需要太多的金钱，也不需要太多的名望。房子再豪华，我们也只睡一张床；山珍海味再多，我们也只有一张嘴，一天也只能吃那么几顿。如果在短暂的生命里，你的眼里只有钱而没有其他，没有享受生活，没有珍惜真情，那么当你死去的那一刻，一切的一切对你来说都是浮云，你带不走，更享受不到。

生命的意义不在于拥有多少，而在于快乐地活着。要想快乐地活着，就应该节制欲望，不让欲望埋葬我们的幸福。古希腊哲学家亚里士多德曾说过：“放纵自己的欲望是最大的祸害，不知自己的过失是最大的病痛。”他并不否认人应该有欲望，他只是告诉人们：欲望要有所节制。

欲望过多，就是贪婪，它就如同杂草一般，在心中任意滋长，让人心智大乱，变得盲目而冲动，变得没有人性。在生活中，我们经常听说这样的事情：一些人为了赚钱，卖假货、走私贩毒、偷窃、抢劫，无所不用其极。还有一些女性，为了赚钱，不惜出卖肉体，出卖灵魂。这就是他们自我迷失的表现，这样下去，即使他们获得了财富，也是为人不齿的，他们失去的将是自己的尊严，失去的是纯真的快乐和温情的真爱。

人生感悟

欲望过多会把人带入罪恶的深渊，让人失去理智，失去自我。欲望过多会让人心变得险恶，让人与人之间充满了欺诈，让亲朋好友反目成仇。欲望过多的人也许能一时得意，但终将会落魄失意。学会克制自己的欲望，学会知足，学会珍惜，只有这样，我们才能快乐地生活。

004. 少一点期待，就多一点满足

有句话说得很好：“希望越大，失望越大。”其实，同样的道理，期望越多，失望也越多，人的内心越不容易得到满足。我们不仅要对自己的工作和生活少一点期待，对待身边的人也应如此，不要以为对方熟悉你、了解你，就应该知道你的需要。否则，你就很容易产生失落的情绪。

经常有这样类似的情况：丈夫工作不如意，回到家里，希望得到妻子的关心和安慰；妻子准备了一桌子的晚餐，希望丈夫回来后开心地夸赞自己，或是妻子买了一件漂亮的裙子，穿在身上等待丈夫发现自己的美，然后夸奖自己。

可是结果会怎样呢？可能丈夫回到家里，妻子忙碌在厨房，根本没有发现丈夫的不开心，丈夫往沙发上一坐，根本没有关注妻子做什么饭菜，穿了什么衣服。于是，丈夫没有得到妻子的关心和安慰，妻子没有得到丈夫的肯定和赞美。于是，他们可能觉得对方并不在乎自己，然后有些失落，这种失落会带到饭桌上，带到床上，甚至会带到第二天。

尤其是当彼此对对方的期望非常高时，巨大的落差会让他们无法忍受，他们可能会抱怨对方忽视了自己，于是开始发起攻击，于是家里双方变得剑拔弩张，一场狂风暴雨在所难免。其实，不过是一些鸡毛蒜皮的小事，何至于大动干戈，伤了和气呢？如果彼此少一点期待，多一点理解，主动表达自己的需求，那样肯定是另一番景象。

在工作上也是如此，如果管理者对下属期待过多，看到一点不顺眼的地方，就会鸡蛋里挑骨头，也会搞得大家不愉快。其实，我们只要少一点苛责，少一点期待，就会多一点满足，多一点快乐。当大家都快乐时，还有什么事情不好商量的？

对自己少一点苛责，少一点期待，对别人也应当如此。只有这样，我们才能与别人友好地相处，才能活在一个和谐的人际氛围之中，才能快乐地享受生命的每一天。

人生感悟

期待是美好的，但现实毕竟是现实，如果事实都如期待的那样，那么人生未免太理想化了。因此，期待无法满足，是再正常不过的事

情。我们应该认清现实，要学会知足，且行且珍惜，这样才能快乐地生活。

005. 用童心对待生活，才能活得畅快淋漓

有人曾做过这样一个实验：他在一张白纸上，写下一道简单的数学题：1+1=？当他把这道题给成人做时，成人绞尽脑汁，思考半天，把各种可能性的答案都罗列出来，但最终难以读懂他的意图，最后干脆一股脑儿地把各种答案都说出来，让他自己去选。当他把这道题给小孩子做时，小孩子不假思索地说："1+1=2。"

成人的思维是复杂的，简单的事情，因为复杂的思维变得复杂，任何事情，一旦变得复杂，就会让人觉得纠结和疲惫。所以，成人不容易感受到快乐。小孩的思维是简单的，复杂的事情，因为简单的思维而变得简单。心若简单了，生活就简单了，快乐也变得简单起来。这就是童心的魅力所在，如果你有一颗童心，那么你的生活将畅快淋漓，快乐相随。

童心有三个典型的特征：第一个特点是，忽然忘了过去的一切，因为纯粹，所以活在当下；第二个特点是，对于简单的事情，会产生浓厚的兴趣，并且把全部的精力专注于此；第三个特点是，从不为未来忧虑。成人有这样的心境吗？如果有，生活就有了永远快乐的源泉。

爱尔兰著名作家卡瑞曾说，大多数知识丰富的成人，他们获得美感的能力反倒不如年幼的孩子。在孩子的眼中，浪花是那么美丽多情，而在成人眼里，浪花不过是混沌的泡沫；在孩子眼中，月亮是弯

弯的小船，是白色的皮球，而在成人眼里，月亮只是月亮，毫无新意可言。

当一个小孩子捡起地上的一片红叶时，他可能会仔细地端详，细心地观赏，他会透过这片红叶去看太阳，让太阳的光芒透过红色的秋叶射过来，使秋叶看起来通体透明，脉络清晰，然后他会感慨道：“好美的红叶啊！”而成人则对路边的红叶视而不见。

孩子是艺术家，是诗人，孩子是贫穷的富翁，是无智的智者，因为他们善于发现生活中的美，善于感受生命的快乐。你想拥有快乐吗？你想生活酣畅淋漓吗？那就努力让自己保持一颗童心吧！

人生感悟

人生就是这样一个轮回，从有一颗孩童般的心开始，人慢慢长大，内心慢慢被欲望占据，结果丢失了那颗童心。直到岁月老去的时候，才开始看淡欲望，开始意识到童心是多么珍贵，于是告老还童。

006. 这个世界上，最爱你的人是你自己

在这个世界上，谁是最爱你的人？也许你会说是父母，也许你会说是老公或老婆，但是也许你不知道，即使和你关系再亲密的人，也无法替代你对自己的爱，因为最爱你的人是你自己。如果你不爱自己，而是把快乐寄托在他人身上，你又如何保证自己快乐呢？如果你不爱自己，如何去爱别人呢？

最爱你的人是你自己，如果你想让生活变得更美好，就要善待自己，学会关心自己，学会疼爱自己，学会照顾自己，让自己保持快乐

的心态。想想看，人生苦短，就像一江春水，匆匆流逝，如果不善待自己，不是枉费此生吗？难道你真的认为，人生的价值在于奉献吗？纵然是奉献，也要先把爱奉献给自己，其次才是别人。

爱自己，就要尊重自己，接纳自己，宽容自己。如果你因相貌丑陋而自卑自怜、悲观厌世；如果你因一次错误而悔恨不已、自轻自贱；如果你因一次失败而心灰意冷，自暴自弃……那么，你这是在自我摧残，自我毁灭。你自己都不爱自己，又怎么奢望别人爱你呢？又怎样爱别人呢？

爱自己，就要珍惜当下的生活，而不是把希望寄托在明天，把幸福存放在后天。每次看车祸、矿难、水灾、地震等天灾人祸时，我们都有一种感觉：生命是脆弱的，也是短暂的，谁也说不清自己可以活多久，谁也不知道下一秒会发生什么。所以，学会珍惜现在所拥有的每一分每一秒吧，让自己活在现实的今天，好好爱自己，让自己的生命不留遗憾。

爱自己，就要了解自己、相信自己、欣赏自己。不管别人怎么看你，不管生活多么不如意，你都要坚信，你是唯一的，你是有个性、有价值、值得爱的人。为此，你要不断发现自己的优点，欣赏自己的优点，不断提升自己的能力，让自己快乐地活着。爱自己，才能爱别人，也才能得到别人的爱。

人生感悟

爱自己，是对自己的一种尊重，可以让你的生命更加丰满和健康，也可以让你的灵魂更加自由和矫健。爱自己，是对自己的一种负责。这样你才能勤于律己、矫正自己，才能不断督促自己，完善自己。

007. 生活再累，也要学会忙里偷闲

在充满竞争的今天，“忙碌”成了现代人的口头禅，“累”成了人们共同的感受。看看我们身边的人，他们争分夺秒地学习，加班加点地工作，周而复始地生活，好像就是为了忙碌而降临到这个世界上的。

忙碌并没有什么错，忙碌是一种充实，是为了追求更好的物质财富。但是忙碌不等于“乱忙”、“瞎忙”、“穷忙”，毕竟你还可以“忙里偷闲”。忙里偷闲是一种生活的智慧，它可以让你在忙碌中感受到休闲静养和闲庭信步的乐趣，让你疲惫的身心获得短暂的休憩。

忙里偷闲的智慧不仅在于有目标地忙，有计划地忙，有秩序地忙，还在于在做好本职工作的间隙，带着一种悠闲的心态去做与工作无关的事情。这就是为什么有些人时而忙碌，时而悠然自得，看似那么悠闲，工作效率却很高。就像搬家的蚂蚁，时而奔跑，时而漫步，时而驻足不前，左顾右盼，欣赏风景。

人生苦短，不要只知道忙碌，要学会忙里偷闲。这是对自己身心的一种善待，也是爱自己的一种表现。学会忙里偷闲，你才能把生活中的每一个目标当成乐趣来品尝。否则，你的忙碌就会变成盲目，变成机械化的习惯，你的心灵永远会被各种忙不完的琐事充斥。这样即使你获得了辉煌的事业，也无法感受其中的乐趣。到头来，你会忽然发现：原来我是用快乐换取事业的成功，换取物质欲望的满足。

人生感悟

《菜根谭》中有这样一句话："天地寂然不动，而气机无息稍停；日月昼夜奔驰，而贞明万古不易。故君子闲时要有吃紧的心思，忙时要有悠闲的趣味。"一个懂生活的人，应该学会把悠闲融入到忙碌中去，在忙碌时不让自己太紧张、太疲惫。

008. 不以物喜，不以己悲，是人生的大智慧

人生在世，每个人都会遇到各种各样的情况：得与失，苦与乐，沉与浮，升与降，胜与败等等。谁能不受这些外物的束缚，看得开、看得透，谁就能活得洒脱；谁纠结于一时的得失与苦乐，谁就会难以活得快乐。两者之间的差别，关键在于能否"不以物喜，不以己悲"。

"不以物喜，不以己悲"，是一种"无我"的大境界。只有敢于跳出自己的圈子，跳出物质的圈子，挣脱物欲的绳索，摆脱名利诱惑的人，才能做一个超然物外之人。何为"无我境界"呢？其意思很简单，那就是这个世界的一切都不是你的，也不是我的，而是自然界的，谁也无法拥有一世，谁也无法一辈子占为己有。今天有人得到了，明天他们还会失去，今天你失去了，有朝一日你还会得到。有了这样的心境，人生何处没有快乐？

"不以物喜，不以己悲"是一种高明的取舍智慧。不该要的东西，你不能要；得不到的东西，你不必为之痛苦。很多无关紧要的事情，不要去计较，不要去看重，不要去追求，不要去在乎。就像塞翁失马一样，得到不一定是福气，失去不一定是痛苦。如果你有这种取舍心

态，那么无论得到什么或失去什么，你都能保持一颗淡定之心。

“不以物喜，不以己悲”是一种泰然处之的心态。不管面对怎样的诱惑，不管遭遇怎样的险境，都要保持一颗平静的心，不喜，不悲，不恨，不恼、不慌、不乱，不随意流露内心的情绪，不轻易被外物左右自己的心情。如果你能做到这点，就能在平淡如水的日子里感受到丰富多彩的人间欢乐。

人生感悟

很多事情，当你事后转过头去想一想，发现当初的视角真的太错误了。如今，当你转换一个视角，用淡泊之心看待问题时，突然发现快乐是那么单纯，成功是那么简单。当你不与别人争斗，不与别人比较，淡定地走自己的人生之路时，你往往会看到更隽永的风景。

009. 幸福就像手心里的沙，握得越紧失去越多

幸福就在我们身边，就在我们心里，只要我们保持一颗简单的心，顺其自然地生活，就能感受到幸福。如果我们刻意去寻找、去抓、去占有，反而会在“抓幸福”的过程中把心情弄糟，让自己变得不快乐。换言之，幸福不是抓来的，也不是找来的，而是用简单的心感悟到的。

生活中，有些人认为幸福就是得到一些东西，实现一些愿望，满足一些欲求。于是，他们拼尽全力去追求。可是有一天，当他们得到了那些东西，实现了愿望，满足了欲求，却发现自己并不幸福。比如，有些人认为去澳洲旅游就会幸福，可是去了之后，发现那里没有

幸福；有些人认为，考上大学就会幸福，可是上了大学之后，迷茫才真正开始；有些人认为升官发财就会幸福，可是升官发财之后，又有新的烦恼……

还有一些人认为，有了爱情就会幸福，可是恋爱之后，他们患得患失，生怕失去爱情，想把爱情抓在手里，结果往往让爱变了味，让幸福变得不那么纯粹，变得不那么真实，变得不那么动人。

幸福就像抓在手里的沙子，越想使劲抓住，流失得越快。其实，爱情何曾不是这样呢？两个人之间的感情，本来要两人来好好维护才能长久，如果一方想抓住对方，想拴住对方，反而会给彼此造成伤害。到最后，落得个劳燕分飞。回头想一想，真的不值得。

其实，很多时候并不是对方变了，而是自己的心态变了。因为想得到爱情，想抓住对方，我们就会对对方产生过多的期望，一旦对方的表现没有达到我们的期望，我们就会去强求，结果强求来的却是一种伤害。

有个人苦苦追求幸福，但是却不幸福，于是他请求上帝指点，上帝对他说："傻瓜，别到处找，别到处抢，别把自己搞得疲惫不堪，焦头烂额，诚惶诚恐，我早就把幸福放在了你心里。只要你抬起头，深呼吸，你就能感觉到它的存在；只要你伸出双手，放在胸口，就能感觉到它在跳动，感觉到它在欢呼；只要睁开双眼，嘴角自然上扬，就能感觉到它在轻抚你的脸。"

幸福一直都在，它们从来都不必刻意去追求，只要你用一颗淡定的心去感觉，你就会发现幸福就像入口的草莓冰激凌，只要你用舌头去舔，它就会慢慢地在嘴里化开，经过舌根流入你的身体。幸福从你出生开始，就从未离开过你，只是当你贪婪地追求，盲目地索取时，他才会远远地离开了你，所以，请放轻松，用简单、淡定的心去生活，幸福就会永远与你相随。

人生感悟

什么是幸福呢？有人说，幸福就像手心里的沙，握得越紧，失去得越多。有人说，幸福是海绵里的水，抓得越牢，流失得越快。其实，幸福就是简单，就是顺其自然，就是不刻意强求。

010. 太忙碌，会错失身边的风景

有人说中国人是最累的，年轻的时候，忙着赚钱娶老婆；结婚之后，赚钱养家糊口；然后又忙着赚钱赡养父母；等到他们老去时，还在勤俭持家，恨不得年轻 10 岁，那样就可以帮孩子赚钱，以补贴家用。很多中国人一辈子都在忙碌，因为太忙碌，错失了身边很多的风景，也忽视了身边的很多快乐。

生活是一门艺术，讲究的是创造与欣赏，它需要我们花些时间和心思，停下脚步去欣赏、去感受，给自己一个喘息的机会，去体验生活中的温情。因此，既然我们已经上路了，何必那么行色匆匆呢？干吗不放慢点脚步，以淡定而宁静的心来欣赏路边的风景，这何尝不是一件乐事呢？

在人生的栈道上，我们需要赶路，但赶路的同时，不要忘记身边的风景。记得把脚步放慢点，从容淡定些，宁静悠然些，这才是一种坚定，一种大美。印第安人有句名言：“如果我们走得太快，就要停一停等待灵魂跟上来。”因此，千万不要在忙碌中丢失了灵魂，否则，我们将行尸走肉地活着。纵然到头来有所成就，也没有什么意义。

生活不是短跑，不是速度的竞赛，如果你要将其比作一项体育运动，那么用“马拉松”来形容它是最合适不过的。在马拉松比赛中，一开始就拼尽全力地奔跑，毫无疑问可以领先别人一段，但是慢慢地，他就会被心态淡定、步伐从容的选手追上并超越。生活也是这样，需要我们有一颗淡定的心，还要有从容的步伐，不急不躁、不慌不忙、不争不抢，这才是真正的生活。

人生就像一场旅途，重要的不是终点，而是沿途看风景的心情。因此，放慢脚步吧，仔细聆听生命之乐，给自己一点品味生活的时间，在“看庭前花开花落，望天上云卷云舒”中舒缓神经，忘却烦恼，体会快乐。

| 人生感悟 |

欣赏身边的风景，可以启发我们思考人生。古人云：“世事洞明皆学问。”我们身边的人和事，便是我们学习的最好素材。日常生活中发生的一切，都值得我们去思考和探究。所以，有时候，我们必须适当地停下自己忙碌的脚步。

011. 放下包袱才能走得更远

人生就是一场跋涉，只有不断为自己减负，才不至于被生活所累。就像在爬山过程中一样，如果想轻松攀登，从容赏景，就不应该背负太多的包袱，否则，不但越爬越累，还会因为身体上的疲惫，导致你无暇顾及沿途美丽的风景。

印度著名的诗人泰戈尔曾经说过：“当鸟翼系上了黄金，鸟儿就飞不远了。”一个人，无论是身体上，还是思想上，如果牵绊了太多的包袱，就会变得沉重。慢慢地，他就会减缓自己前行的脚步，降低自己飞行的高度，最后甚至会累得走不动、“飞”不起来。只有放下包袱才能爬得更高，才能走得更远。放下包袱，是一种洒脱，是一种智慧。

每个人或多或少都背负着行囊赶路，行囊里的有些东西是赶路的必需品，但很多东西是不必要的。这些不必要的东西，若不及时放下，人就会被拖累，甚至会被拖垮。身体上的包袱是负担，心头的包袱是毒瘤。只有放下包袱，保持乐观、积极、恬淡的心态，你才能过得更惬意，走得更轻松、更久远。

生命如舟，每个人都像一条船，如果船上承载太多的诱惑和虚荣，承载太多的功名和利禄，人就会有太多的困惑和迷茫。如果你想航行顺利，就必须舍弃那些不必要的包袱，让自己轻装上路，平安地走完自己的人生航程。

生命如歌，内心不能承载太多的包袱。只有随时清理心灵的负累，放下心中的烦恼，才能心无挂碍，看得开，放得下，才能轻轻松松地工作，平平淡淡地生活，感受平凡生活的每一种幸福。

人生感悟

很多时候，使你疲劳的不是远方的高山，而是你鞋里的一粒沙子，是你心中的一缕忧伤。只有倒掉鞋子里的沙子，你才能轻松赶路，只有放下心头的忧伤，你才能快乐生活。

012. 把生活过得简单就是幸福

生命就像一个时钟，转了一圈之后，不过是一个轮回。很多人忙碌着追求目标，到头来，不过还是一日吃三餐，晚上睡一张床，等到老去时，才去怀念逝去的美好曾经，后悔没有好好享受过往的岁月。就像农夫说的“折腾一番，到头来也不过是看夕阳”，那为什么不现在看夕阳，而要等到“功成名就”之后的某天才去看夕阳呢？况且，不是每个苦苦追求的人都能功成名就，既然如此，又何必把自己折腾得疲惫不堪呢？

相比之下，淡泊一点，简单一点，不要为了太多的欲望而忙忙碌碌，而悠闲地对待工作，静下心来享受生活，这样你会活得更轻松、更快乐，在简单中体味生活的幸福滋味。简单就是幸福，这不意味着放弃对目标的追求，一辈子毫无所求，而是在放慢生活的脚步，在工作之余享受生活，在平平淡淡中寻求充实和快乐。

把生活过得简单是一种美，是一种朴实且散放着灵魂香味的美；把生活过得简单是一种智慧，是一种经历复杂之后的幡然彻悟；把生活过得简单是一种境界，是一种平淡而不失雅致的风景；把生活过得简单是一种幸福，这种幸福就像一首优美的音乐、一支喜爱的歌曲，会让你心境开朗，这种幸福又像一杯清茶，或一杯咖啡，让你品尝到生活的真味。

无碍则无欲，无欲则无求，无怒则无敌，无怨则心宽。简简单单地生活，才能轻松地体会生活的乐趣；简简单单地生活，才没有烦心的忧愁，没有失意的无奈，没有落寞的感伤；简简单单地生活，才能在漫长的岁月里从容而来，从容而去，保持一颗淡然不惊的心。不管外面的风雨多么凄厉，不管世事多么跌宕起伏，不管人心多么叵测，你永远都不会为之“羡慕嫉妒恨”；简简单单地生活，你才能平平静静地做事，平平淡淡地做人，不企望浓墨重彩，不奢望光辉灿烂，你才能给生活留一份淡然，给生命留一份关爱。

简简单单是一种幸福。在百花开放的春天，在清风送爽的金秋，你可以和家人一起，也可以与朋友结伴，走出户外，来一次假日旅游，享受大自然带给你的清新美丽，在一呼一吸之间感受新鲜的空气，在一走一停之间忘却都市的喧嚣，让自己的身心享受一番洗涤，感受全身心的轻松。

简简单单是一种幸福。你可以和朋友举办一次聚会，让久违的友谊带给你们温馨和激动，在觥筹交错之间回味真挚的感情。你也可以在夏日的饭后，和一家老小徜徉于公园的草坪，享受团圆的欢乐。你还可以约上一两个钓友，到山涧水库去垂钓，也可以约上几个球友，到运动场上酣畅淋漓地踢球，还可以打打牌、下下棋……

人生感悟

人活一辈子，没有必要把生活搞得复杂，没必要把自己折磨得寝食难安。很多时候，浓墨重彩未必适合欣赏，高深莫测未必就适合品读，也许淡淡的简笔画才是生活的真味，也许通俗易懂的小哲理才是生活的精髓。所以，让生活简单点、单纯点、清新点、朴实点，更显得难能可贵、意境悠远、别有韵味。

013. 活在当下就是最大的幸福

幸福是什么呢？幸福不是闭着眼睛去幻想、去寻找，不是错过之后的遗憾惋惜，而是紧紧抓住现实，珍惜现在的拥有，即活在当下。幸福在哪里呢？幸福就在你身边，它从未离开过你，它一直等待着你牵着它的手，关键就在于你是否能够感受到它的存在。

幸福其实很简单，幸福就是活在当下。在润物细无声的日子里，你是否知足地生活？是否自在、洒脱、没有任何挂碍地活在当下的每一秒？也许一秒钟之前的你在哭泣，但一秒钟之后，那个哭泣的你已经属于过去了，妄想留住过去将是竹篮打水一场空。

如果你不珍惜这一秒，而是幻想下一秒，那也是不切实际的。因为下一秒属于未来，未来也难以预料，那只是一个幻想。幻想就像一个个漂浮于空中的肥皂泡，就像一串串绚丽的氢气球，就像建立在沙滩上的碉堡。转瞬间，就会破灭，就会坍塌。过去的已经死去，未来的还没有降临，真正属于我们的，只有当下的每一分每一秒。所以，如果你想幸福地活着，就好好珍惜这一秒，笑着享受这一秒吧！

人从诞生那一刻开始，除了不可避免地向死亡靠近，他的另一个目标就是享受快乐，感悟幸福。很多人一生都在寻找快乐，寻找幸福，以为幸福就是赚大钱、发大财，以为幸福就是事业有成，以为幸福就是名利双收、有权有势。

其实，幸福不需要去追逐，幸福就在我们心里，幸福就是当下的快乐感觉。当我们静下心来，关照内心时就会发现：那些拼命追逐幸福的人，就如同追逐自己的影子一样可笑。当浮华散尽，尘埃落定时，你就会恍然大悟：幸福，只在一念之间，只在当下，只在过好这一秒。

人生感悟

幸福就是活在当下，就是活在这一秒，因此，不要耿耿于怀昨天的遗憾，也不要去庸人自扰地预支明天的烦恼。珍惜每个今天，就能保证一辈子的幸福，因为人的一辈子是由无数个今天组成的。

014. 生活不给我们打草稿的机会

有一位大师教寺里的小和尚练字。有一次，一个经常用废旧纸练字的小和尚，反映他自己已经跟着大师学了很长时间，可一直没有大的进步。大师就对他说："你改用最好的纸试试，可能会写得更好。"

那个小和尚按照他说的去做了。果然，没过多久，他的字进步很快。他奇怪地问大师是什么原因。大师说："因为你用旧纸写字的时候，总会感觉是在打草稿，即使写得不好也无所谓，反正还有的是纸，所以就不能完全专心；而用最好的纸，你会心疼好纸，会感觉机会的珍贵，从而心态投入，也就比平常练习时更加专心致志。用心去写，字当然会进步。"

真的，平常的日子总会被我们不经意地当作不值钱的"废旧纸"，涂抹坏了也不心疼，总以为来日方长，平淡的"废旧纸"还有很多。实际上，这样的心态可能使我们每一天都在与机会擦肩而过。

并非演习，而是真刀真枪的实战。生活其实也不会给我们打草稿的机会，因为我们所认为的草稿，其实就已经是我们人生无法更改的答卷了。

把生命中的每一天都当作那最好的一张纸吧！

看得开 放得下

人生感悟

生命没有草稿，而现实的生活也不会给我们打草稿的机会。我们人生的答卷，无法更改，亦无法重绘，所以我们要珍惜每一次机会，认真对待每一天。

015. 别让生活像上了发条的钟

现在的生活常常是这样，朋友见了面，都是忙啊，太忙了！即使是距离很近的亲朋，似乎也忙得难以见面。至于周末家庭小聚或约友人出行就更加不可能了。大家都在忙，忙什么呢？有好多人面对这个问题的时候，自己也不能回答，自己也不知自己在忙些什么，焦头烂额又一塌糊涂。那么大家有没有想过让忙碌的生活偶尔停下来呢？下第一场雪的时候，你是否想过，放下手中的工作，带着孩子到空旷的郊外去看雪。看着孩子在雪地里打雪仗、堆雪人的快乐情景，你一定会感到无比欣慰。你会发现，把工作停下来了，不仅没有损失什么，反而收获了很多。

寒窗苦读离开了故土，在另一个地方成就了辉煌的事业。然而此时故乡苍老的父母、和善的乡亲、童年的好友却因为那些无休止的忙碌而忘在了脑后。但是，假如能够偶尔停下来，抽出哪怕是一两天时间，到故土去。你也许会从内心深处后悔来得太少，因为你发现这里才是你灵魂的栖息地，除了感受到温暖、亲切、关怀、牵挂之外，在那座有所成就的城市里你所面临的所有问题在这里都烟消云散。

你会后悔，你丢失的，正是现在渴望的。当再返回的时候，你会发现你的视觉已经发生了巨大的变化，心灵也得到了一次彻底的净化。

我们整天行色匆匆，人变得越来越经济化、效益化，思想也变得肤浅了。想没想过用读书的方式来充实自己呢？给自己一段安静的时间，读几本关于生活、关于人生的书籍，也许会令你的心情开阔。读书让人聪慧，读书令人深刻，读书使人心宽阔。

还有一样你生命中不可或缺的部分不要忘记，那就是朋友。稍适放松一下，给许久没有联系的朋友打个电话或者发一封邮件，问候一下。你会发现，朋友都有了很大变化，有的朋友已经生疏得如同陌路。友情对于一个人是多么重要，千万别因为抽不出那一点时间联系而轻易失去。

不要让自己像一个上紧了发条的闹钟，每天嘀嘀嗒嗒跑个不停，你不觉得那样情绪会很紧张吗？偶尔停下来，我们才会领悟到人间的种种真情，生命的种种滋味，才能使自己变得宠辱不惊。偶尔停下来，我们才会蓦然顿悟，人生原来如此！

人生感悟

不要让自己像一个上紧了发条的闹钟，让我们在纷繁的人世间，偶尔停下来。试着放慢脚步，用舒缓的步调，抚平急乱的呼吸，让自己像风筝般悠然自在。

016. 当婚姻平淡时，请注入一点情趣

婚姻需要一点情趣，也需要一份感动，它能让我们那些婚姻疲惫者忆起发黄的爱情、再次品尝那初恋的甜蜜。

他和她属于青梅竹马，相互熟悉得连呼吸的频率都相似。时间久了，婚姻便有了一种沉闷与压抑。她知道他体贴，知道他心好，可还是感到不满，她问他，你怎么一点情趣都没有，他尴尬地笑笑，怎么才算有情趣？

后来，她想离开他。他问，为什么？她说，我讨厌这种死水一样的生活。他说，那就让老天来决定吧，如果今晚下雨，就是天意让我们在一起。到了晚上，她刚睡下，就听见雨滴打窗的声音，她一惊，真的下雨了？她起身走到窗前，玻璃上正淌着水，望望夜空，却是繁星满天！她爬上楼顶，天啊！他正在楼上一勺一勺地往下浇水。她心里一动，从后面轻轻地把他抱住。

婚姻是需要一点情趣的，它犹如沙漠中的一片绿洲，让我们疲劳的眼睛感到希望和美丽，适当地给“左手”和“右手”一种新鲜的感觉吧。

人生感悟

别让你的激情在年复一年、日复一日、事无巨细的生活中逐渐淡化直至泯灭，也别让美好、甜蜜、温馨、浪漫、幸福的爱情在睡梦里遨游了。给婚姻注入一丝情趣，是一种人生境界。

017. 让生命之花永远在春天里绽放

荷兰哲学家斯宾诺莎提出过一个著名的观点：快乐和痛苦是完全可以相互转换的。哲人的睿智，虽然并不是所有凡人都能企及的，但其中的精辟哲理，却是任何一个想从忧愁转向快乐的人可以汲取的养料。

红燕是个多愁善感的小姑娘，花落草枯都可能引起她的无限感触。如果仅仅是情感世界的丰富也就罢了，可她常常一言不发地凝神静思，有时还会莫名其妙地唉声叹气。她好像从来就没有快乐过。

在长吁短叹中，时光飞快流逝。直到有一天，过了而立之年的红燕偶然碰到一位心理学博士，当博士听她诉说了自己的苦恼后，一言道破了其中的原因：“你过去之所以从未快乐过，关键在于总把已经逝去的一切看得比实际情况更好，总把眼前发生的一切看得比事实更糟，总把未来的前景描绘得过分乐观，而到时候却又无法达到。如此形成了恶性循环，自然就钻入‘庸人自扰’的怪圈了。”

心理学博士还说：“你的性格弱点就在于好高骛远，总是向生活提出不切实际的要求，可是你并不清楚那是无法达到的。你想片刻之间就解决人生的全部问题，自然就对昨天、今天和明天产生这样或那样的忧愁了。”

决定我们是否快乐的总根源，不在于我们实际上拥有了什么，而在于我们如何看待自己的拥有。快乐和忧愁本来就是一对孪生兄弟，同时围绕在我们的左右。只要你善于选择，善于转换自己的思路，你就能永远活在春天里，心有春天的人，没有季节的变换，他的生命之花永远在春天里绽放！

|人生感悟|

快乐和痛苦是完全可以相互转换的。许多人辛劳一生，或许依然老无所依。但是永远不要怀疑他们的快乐，他们在追逐理想中的快乐。用乐观的心态活在当下，生命的花朵就会永远绽放在春天里。

018. 暂时的让步会让你有更多的选择

有一位画家，他的作品每次送到出版社出版，都要被美术编辑“刀砍斧削”一番。他对这些修改十分不满，但又无可奈何。一天，他故意在一幅画的角上不伦不类地画上一只狗，作品交上去后，编辑要求将狗删掉，可画家却执意不肯，双方为此争执不休。当争论到白热化的程度时，画家便做出让步，同意了编辑的做法。

因为画家的让步，编辑的自尊心得到了维护，就不好意思再对画家的作品提出修改的要求，因而保留了作品的原貌。以后，画家每次都用这种“让步”的方法，使自己的作品免受了“刀砍斧削”之苦。

这个充满智慧的画家就是苏联著名现代艺术家和写生画家费拉基米尔·安德烈耶维奇·法沃尔斯基，被誉为“苏联人民艺术家”。他真是一位懂得如何给别人让步的人。

在解决问题上，暂时的让步可能并不是最好的办法，但在没有更好的方法出现之前，它却是最好的方法。《菜根谭》中有这样一句话：“处事让一步为高，退步即进步张本。”坚持可能碰得头破血流，还会产生较大的阻力。而为了达到主要的目标，若是在次要的目标上做适当的让步，局面也许会是另一个样子。待确定时机成熟后再出招，让步就会使错综复杂剑拔弩张的严峻形势缓和下来，就是“放长线钓大鱼”，是“将欲取之，必先予之”，是缓兵之计，是以退为进，是以守为攻，等等。就像那个画家一样，明智的让步成了一种变相的交换。也就是说，暂时的让步是为了更多的选择，攫取更大的利益。

过分执着有时会使我们走进死胡同。从这个意义上说，不懂得让步，就无法进步。回旋的余地没有了，人生这盘棋就走死了。而暂时的让步，是务实、通权达变的丛林智慧。凡是丛林里的智者，都懂得恰当时机给别人让步，毕竟人要生存和发展，要办成事情，靠的是理性，而不是意气。

人生感悟

坚持可能碰得头痛血流，还会产生较大的阻力。而为了达到主要的目标，若是在次要的目标上做适当的让步，局面也许会是另一个样子。

019. 好好活着

大热天，太阳很毒，寺院里的花儿在烈日下渐渐没了精神。等傍晚小和尚来给花儿浇水的时候，发现那些花已经被晒得不成样了。小和尚心疼地说：“看来这花是救不活了。”

老和尚见状不言语，只是给花浇水。没多久，那些奄拉着脑袋的花朵，居然全抬起头来，而且生机盎然。

“天哪，”小和尚喊，“它们可真厉害，被晒了一天还能撑着不死。”

老和尚笑了：“不是撑着不死，是好好活着。”

“这有什么不同呢?”小和尚歪着脑袋问。

“当然不同，”老和尚拍拍小和尚说，“一天到晚怕死的人，是撑着不死；每天都向前看的人，是好好活着。得一天寿命，就要好好过一天。那些因为怕死而拜佛烧香的，死后未必能成佛。你想他今生也能好好地活着，他却偏不好好过，老天何必给他死后更好的日子?”

人一生，会邂逅许多人，遇到许多事，遭受许多坎坷、波折。不管是对人，还是对事，顺境，或是逆境，若能保持一个积极的生活心态，就会平静面对人生起伏，就会“好好活着”。

人生感悟

好好活着，就是要一天比一天更精彩。只要眼睛不失去光泽，心灵就永远不会荒芜。不是风景不够醉心，不是山河不够壮丽，也不是世界不够美丽，更不是人生不够绚丽，只是我们心灵被束缚得不够自由。

020. 向善不用烧远香，家中父母即是佛

古时候，有一个叫杨莆的人，一心想要找到佛，为此离家数载四处寻访，到处游历，遍访各个佛教圣地，名山古刹，可一直都没有找到。

有一天，在和借宿的寺庙的住持方丈大师聊天时，老禅师对他说：“施主与其找佛，不如去找菩萨。你回到你来的地方，看见一个披着衣服，穿错了鞋的人，那个人就是菩萨。”杨莆千恩万谢，临走还给庙里捐了好多香火。

杨莆回到家乡，也还是找不到，只得回自己的家。他到家的时候，已经是后半夜了。睡梦中的母亲听到离家已久的儿子回来了，高兴得披上衣服就跑出来开门，慌忙之中连鞋都穿错了。杨莆面对高兴得泪流满面的母亲，一下子就醒悟了：对自己而言，最重要的是佛，而对于母亲而言，自己才是最重要的。与其到处求佛问道，以求保佑，不如心中有佛，父母就是活菩萨，对父母心存孝心，及时行孝，自然会神佛保佑。

人生感悟

很多人只知道远庙烧香做功德，而不知孝养父母，和乐家庭，古人说："堂上双亲你不敬，远庙拜佛有何功？"

021. 给自己点一盏心灯

人类心中有一种美好的东西，它让这个本来阴晦的世界充满阳光。它就是每个人心中那盏用来照亮他人的灯。点亮它并让它熊熊燃烧，这个世界便拥有一个亮丽的天空。

有这样一个故事：

小尼姑去见师父："师父！我看破红尘，遁入空门已经多年，每天在这青山白云之间，茹素礼佛，暮鼓晨钟，经读得愈多，心中的欲念不但不减，反而增加，怎么办？"

"点一盏灯，使它非但能照亮你，而且不会留下你的身影，就可以通悟了！"

数十年过去了……

有一所尼姑庵远近驰名，大家都称之为万灯庵；因为其中点满了灯，成千上万的灯，使人走入其间，仿佛步入一片灯海，灿烂辉煌。

这所万灯庵的主持，就是当年的小尼姑，虽然如今年事已高，并拥有上百的徒弟，但是她仍然不快乐，因为尽管她做一桩功德，都点一盏灯，却无论把灯放在脚边，悬在顶上，乃至以一片灯海将自己团团围住，还是总会见到自己的影子，甚至可以说，灯愈亮，影子愈显；灯愈多，影子也愈多。她困惑了，却已经没有师父可以问，因为师父早已死去，自己也将不久于人世。

她圆寂了，据说就在死前终于通悟。

她没有在万灯之间找到一生寻求的东西，却在黑暗的禅房里悟道，她发觉身外的成就再高，灯再亮，却只能造成身后的影子。唯有一个方法，能使自己皎然澄澈，心无挂碍。

她点了一盏心灯！

是的，我们每个人心里都有过这么一盏灯，为别人照亮的同时也为自己照亮，为自己守候的同时也守候着别人。

| 人生感悟 |

点一盏心灯给自己，无论长夜是如何黑暗无边，我们的眼睛始终注视的应是心所向往的方向，那是被心灯照得透亮的地方。

022. 贫穷也有人生的快乐和尊严

一个人的高贵与低贱并不在于他是富有还是贫穷，而在于他有没有灵魂。一个拥有灵魂的人，即使再贫困落魄，也不许别人对他的尊严有丝毫的不敬与亵渎。而一个没有灵魂的躯壳，只能在众人不屑与鄙视的怜悯中苟延残喘。

庄子是一个贫穷而快乐的人，无论生活境遇如何糟糕，仍然乐观。他一生追求心灵的自由，而不愿成为名利的囚徒。

有一次，楚威王派几位大夫充当使者，领着一队士兵，抬着猪羊美酒，带着千两黄金，驾着华丽的马车，来到庄子家，想请他去楚国当卿相，庄子对这意外的惊喜却不放在心上，他说："诸位难道没有见到君王祭祀天地时充作牺牲的那头牛吗？想当初，它在田野里自由自在，只是它的模样生得端庄一点，皮毛生得光亮一点，就被人选入宫中，给予很好的照料，生活是好多了，然而正所谓'喂肥了再宰'。牛的大限来临时，这牛若想再改换门庭，再回到昔日的劳作中，还来得及吗？那么，去朝廷做官，与这头牛有什么差别呢？天下的君王，在他势单力孤，天下未定时，往往招揽海内英雄，礼贤下士，一旦夺得天下，便为所欲为，视百姓如草芥。对于开国功臣，则怕其功高盖主，无不杀戮，真所谓'飞鸟尽，良弓藏；狡兔死，走狗烹'。你们说去做官又有什么好结果呢？放着大自然的清风明月、荷色菊香不去观赏消受，偏偏费尽心机去争名夺利，岂不是太无聊了吗？"

于是，庄子仍然过着洒洒脱脱的生活，或登山临水，笑傲烟霞，或冥思苦想，发为文章，在贫穷中享受着人生的快乐和尊严。这样的人与佛法里所说的"身贫道不贫"不是一样吗？出家人自称为"贫僧"，不仅是自谦，更是在品德方面的自信。

人生感悟

生命并不会因为富有而高贵也不会因为贫穷而低贱。一个拥有灵魂的人，即使再贫困落魄，也不许别人对他的尊严有丝毫的不敬与亵渎，并且在贫穷中享受着人生的快乐和尊严。

023. 别把赞美的话说过了头儿

从前有一个人，当众称赞自己父亲的德行，便这样说道：“我的父亲慈祥仁爱，不害人，也不偷盗，从来不说不实的话，还经常布施帮助别人。”

当时有个愚人，听到这个人说的话，便也这样说：“我父亲的德行，要超过你父亲的德行。”

众人问道：“有怎样的德行呢？请你说说他做过的事情。”愚人回答道：“我的父亲从小就断绝了淫欲，从没有和异性有过接触，从没做过不清白的事。”

众人听了对他说：“如果断绝了淫欲，又为什么会生下你呢？”这成为当时众人的笑谈。

这就如同世上那些没有智慧的人，原本是要赞美别人的德行，因为不了解其实情，反倒诋毁、污蔑了别人。就好像那个愚人，原本是想赞美他的父亲，结果却说了愚不可及的话。

生活中这样的人还真不在少数。在与人交往时，运用恰当的赞美和恭维使对方开心，同时加深对方对你的印象，这种做法是十分必要的。但若要这种赞美或恭维取得最佳效果，那就要掌握好分寸，要适中，绝对不可恭维过分。

人生感悟

赞美别人千万不能言过其实，如果赞美过头，会令人生厌，效果必然适得其反。

024. 与其在逆境中抱怨，不如在逆境中改变

有这样一个寓言故事：从前在一座深山里有一只狐狸，因为它总觉得自己很聪明，没有哪个猎人能抓住它，所以尾巴总是翘起来。可是终于在一场大雪过后的一天，它被一个观察它很久的猎人抓住了。被关在笼子里的狐狸万万没有想到自己能有今天的这种困境，它左思右想，自己每天都小心翼翼的，怎么能被一个不算聪明的猎人给抓住呢？这时，一阵风吹来，它感觉到自己卷起来的尾巴有动感了。于是，狐狸恍然大悟，原来是自己卷起来的尾巴，失去了它本有的功能。猎人是循着自己留在雪地上的脚印寻到自己的，如果把尾巴放下来，拖在地上轻轻扫动，自己的脚印就被抹去了。于是，它与猎人打赌，如果放了它，三天内猎人肯定无法找到它。猎人放了狐狸，从此，再也没有找到狐狸的任何踪迹。

其实当我们被逆境所困时，抱怨是没有任何用处的，只会让你更加焦头烂额，失去方向。被困时，有所思才能有悟，有所悟才能有所改变，有所改变才能找到突破逆境的出口。

人生感悟

逆境即能打击一个人，甚至毁灭一个人，也能成就一个人。对于强者来说逆境是上天给予他的最宝贵的财富，挫折则更是人生一所最好的大学。

025. 人生如炒股

眼看着人家的股票直往上走高，整个股市牛气冲天，偏偏自己的几只股却被套牢了。想当初买下时也是一路上涨，本打算到一个价位就出货，看看势头那么好，就又捂了几天，谁想后来又开始跌。

只是犹豫了一下，就跌回了买入价。想到原本是可以赚到一笔的，此时出手实在不甘，于是再等等，就这样套了下去，一路还不停地按股市专家的教导在低位补货，直至资金全部用尽，直至被深深套牢。看着股市人气旺盛，一片翻红，也心仪其中几只，无奈资金被占用光了，若将手中的抛出去，总觉得亏损太多，心有不甘，最后只好“望股兴叹”。其实，如果放弃手中的，在别的股票上重新投资，以盈补亏，未必不是一个补救的办法，何必要一直死守着呢？中国的股市，向来讲行情，一轮一轮的，此起彼伏，一个个概念股轮着炒，大势已去时，及时回头，该抽手时就抽手，也许早就赚回来了。

不只炒股，生活亦然。放弃之所以难做到，是因为它看起来就是承认失败、就是认输。在我们所受到的教育里，强者是不认输的。所以我们常常被一些高昂而英雄气的光彩词语所激励，以不屈不挠、坚定不移的精神和意志坚持到底，永不言悔。

是的，人需要百折不回，要有坚强的意志和毅力向目标而奋斗。但是，奋斗的内涵不仅是英雄不言败、不屈不挠地对原来的目标坚定不移、忠诚不二，人生的道路还常常需要修正目标、调校方位，在死胡同坚持走到底的并不是英雄，死不认输只会毁掉自己。这种人连自己的心结都没有胜过，怎么可能成为强者、成为英雄？不过是没有自信、畏惧失败罢了。放弃了才能再做新的，才有机会获得成功。

| 人生感悟 |

把钱投出去是投资，停止投资也是一种投资，是更高层次的投资。承认失败，及时收手，能够积蓄力量，再展开新一轮的投资。炒股如此，人生也如此。

026. 阻力是对人生的一种磨炼

人的头盖骨结合得非常致密、坚固。生理学家和解剖学家用尽了一切办法，想把它完整地分开，但都没有成功。后来有人想出了一个方法，就是把一些植物的种子放在要剖析的头盖骨里，给予适宜温度和湿度，使种子发芽。一发芽，这些种子便以可怕的力量，将一切机械力所不能分开的骨骼，完整地分开了。植物种子的力量竟然是如此之大。

你也许见过被压在瓦砾和石块下面的一棵小草的生长吧！它为着向往阳光，为着达成它的生之意志，不管上面的石块如何重，石块与石块之间如何狭小，它总要曲曲折折地，顽强不屈地从石缝中钻出来。它的根往土里扎，它的芽往上面挺，这是一种不可抗拒的力量，阻止它的石块结果也被它掀翻。

没有一个人将小草叫做大力士，但是它的力量之大，的确世上无一与之匹敌。这种力是人们看不见的生命力。只要生命存在，这种力量就要显现，上面的石块再大也不足以阻挡它，因为这是一种“长期抗战”的力，它有弹性，能屈能伸；有韧性，不达目的不罢休。

如果一粒有生命的种子不幸落在瓦砾里，它绝不会悲观，它相信阻力是对生命的磨炼。

| 人生感悟 |

磨炼，既需付出体力，又需付出心力。在这个过程中，我们能体会到做人的道理：不奋斗、不吃苦，是不会成功、不会前进的。

027. 多想想那些不如你的人

行为经济学家说，我们越来越富有，但使人并不觉得幸福的部分原因是：我们老是拿自己与那些物质条件更好的人相比。

如果你想幸福，有一件非常简单的事你能做：那就是与那些不如你的人，即此比你更穷、房子更小、车子更破的人相比，你的幸福感就会增加。可问题是，许多人总是做相反的事，他们老在与比他们强的人比，这会生出很大的挫折感。

科内尔大学的教授罗伯特·弗兰克说，当被问到你是愿意自己挣15万美元，其他人挣20万美元，还是愿意你自己挣10万美元而别人只挣8.5万美元时，大部分的美国人选择后者，他们宁愿自己少挣，别人不要超过他，也不愿意自己多挣别人也多挣。弗兰克曾写过一篇论文《多花少存：为什么生活在富裕的社会里却让我们感到更贫穷》，他在这篇论文里写道：“就说住房吧，一个人到底需要多大的住房，那要取决于他周围的人拥有多大的住房。如果邻居的住房小，他也不需要太大的住房，如果人家有一所大住房，那么他就需要一所更大的住房，无论他是否真的需要。”

每个人都不免有厌倦、烦闷和不满足的时候，每到此刻，就是我们把自己设想到一个更没希望、更辛苦、更困难的境地的时候。快乐是需要比较的，它没有止境，没有标准，而只是看你对它的认识如何，看你对它怎样解释而已。

人生感悟

每个人都不免有厌倦、烦闷和不满足的时候，每到此刻，就是我们把自己设想到一个更没希望、更辛苦、更困难的境地的时候。

028. 有种幸福叫忘记

关于爱情，有一个美丽的传说：当人离开这个世界，走向阴间的时候，必须经过一个叫奈何桥的地方。奈何桥边住着一个叫孟婆的人。人死后都要先到她这里喝上一碗孟婆汤，然后才能进入阴间，而这种汤在喝下之后会忘却一切。忘记一切忧愁，忘记一切憎恨，忘记一切不愉快的东西。忘记了忧愁，也就没有了忧愁，可以舒展紧皱的眉、担忧的脸。平日里所有的不公平、所有的不快乐都随忘记而远去，人就会变得明朗了，好像被乌云掩盖的天突然湛蓝了起来。忘记了憎恨，也就远离了憎恨。当心灵不因为憎恨而蒙蔽，当所有的一切变成过眼云烟，人就会整个地轻松起来，宽恕了别人也解救了自己。忘记了情忘记了爱，也就忘记了一切不愿意记忆的东西。

学会忘却，也就学会了宽恕自己，解救自己。人生短短几十年，何苦撑得那么疲累，何不学会忘却？一味地追求完美，而这个世界根本就没有完美的东西，完美了反而是一种缺陷，有缺陷的东西才是真正的完美。人生更是如此，没有遗憾人生的人并不快乐。所以追求完美，其实就是追求一种完美的心态。

记忆盛不下太多的往事，一路走来，我们注定要忘记许多人与事，学会忘记是“去粗取精”，只有忘记那些应该忘记的，需要牢记的才会在心底永存。

学会忘记是一种豁达的生活态度。忘记朋友有意或无意的伤害，才能建立至真至纯的友谊；忘记恋人分手时的绝情，才能怀念有过的那些美丽缤纷的日子；忘记给予，才能不再希求知恩必报……

学会忘记不是把曾经的一切统统埋葬在走过的山冈、淌过的溪流，而是一种审时度势的选择，是牢记困惑时那一句真诚的鼓励，落难时那一双或纤细或粗糙的手，低迷时那凝视的关怀。生命是一棵树，忘记犹如树上那些多余的枝杈，需要我们随时修剪，随时自省，生命之树才会更加茂盛。

幸福是什么？幸福在哪里？人们一直都在苦苦寻觅着，寻找着，幸福其实就在那一回眸间，幸福其实就在那忘却里。有一种感情叫爱，有一种感情叫憎恨；有一种感情叫欢喜；亦有一种感情叫痛苦。忘却一切刻骨铭心的伤痛，忘却一切痛彻心扉的感情，那将是一种最大的幸福。

人生感悟

幸福其实就在那一回眸间，幸福其实就在那忘却里，忘记犹如树上那些多余的枝杈，需要我们随时修剪，随时自省，生命之树才会更加茂盛。

029. 勇敢面对生命中的取舍

放弃，有时是必要的，因为每个人只有在保全自己的情况下，才能更有价值地活着；放弃，有时是为了换取更大的空间。也许，人生本身就是一个不停放弃的过程，放弃童年的无忧，成全长大的期望；放弃青春的美丽，换取成熟的智慧；放弃爱情的甜蜜，换取家庭的安稳；放弃掌声的动听，换取心灵的平静……接受与否，有时并无选择。活着，总是有代价的。

曾经很执着于承诺，到最后才发现很多的承诺只是漂亮的花朵，总是会凋零的。爱因为不能拥有而深刻，梦因不能圆而美丽，人生，总是带着残缺，因残缺而凄美。

也许面对痛苦的时候我们真的很痛，真的很想就此放弃我们的人生，可是，我们还是会挨下去的，不论开始的时候，我们是怎样的泪流满面，无助茫然，可是，时间，是治疗一切伤痛的良药。慢慢地，你不会再流泪；慢慢地，你能找一些事打发时间；慢慢地，你知道明天该做些什么；慢慢地，你的笑容张开了：慢慢地，你的生活正常了；慢慢地，一切都过去了。

人生，没有永远的伤痛，再深的痛，伤口总会痊愈。人生，没有过不去的坎，你不可以坐在坎边等它消失，你只能想办法穿过它。人生，没有永远的爱情，没有结局的感情，总要结束；不能拥有的人，总会忘记。

我们，就是在一次又一次的打击中长大，弱者在打击中颓废，强者在打击中坚强。我们要学杨柳，看似柔弱却坚韧，狂风吹不断；太刚强的树干，风中易折枝。学会放弃，学会承受，学会坚强，学会微笑。

人生感悟

做事有取舍，便能秉要执本；做人取舍有道，方可才高行洁。其实，人的一生，又何尝不是一个取与舍的过程呢？

030. 享受生活并不需要那么多的附加条件

曾经有一首流行歌曲的歌词这样写道："我想去桂林啊，我想去桂林，可是有了时间的时候我却没有钱，有了钱的时候我又没时间……"

我们正处于一个特殊的时代，从没有一个时代的人们像现在这样怀着如此高的热情去追求成功，追求一种卓越的人生。人们忙着在环境变化之前，更新自己；在别人赶上之前，发展自己；在自己领先之前，超越自己。

可是，你有没有想过，在时光的交错中，我们遗失了什么？有时间时没有钱，有钱时没有时间，钱和时间都有了的时候却又没有了好身体。今天想明天，真到了明天却在怀念昨天，什么时候我们才能面对现在呢？有位多愁善感的女孩儿对我说："我白天要上班，晚上要上夜大自考班，整天好像是紧张充实，又像是浑浑噩噩，我没有时间去看旭日和夕阳。"其实享受生活并不需要那么多的附加条件，你现在就完全可以做得到。虽然你很忙碌，但只要你今天有享受的心情，你就应该去做到，因为明天会有明天的不如意，时间是等不起的。

有个人总是说，现在真是太紧张了，没有时间和心情玩，等上了大学我一定要好好享受生活。上了大学后，他又说，现在就业形势这么严峻，只有拼命学习才能有份好工作，等赚到了钱再去享受吧。工作后他仍然发现没有时间和心情去玩去享受，他还要忙着娶妻生子、积累财富……也许等到要退休或临终时他会这么想：我这一辈子，什么时候才可以放松一下呢？

还有另外一个典型的例子就是父母对孩子的心态。孩子小时，他们想：现在真累真烦人，等孩子大了就好了。孩子大些了，上学了，还是有操不完的心。等到有一天，孩子不需要他们操心了，独立生活了，他们守着空巢，又在想：孩子小时候多可爱啊，那时候如何如何……事实上，这个过程中的每个阶段的乐趣都被他们错过了，他们就在这种明天与昨天的交替中失去了今天。

人生感悟

享受生活并不需要那么多的附加条件，你现在就完全可以做得到。虽然你很忙碌，但只要你今天有享受的心情，你就应该去做到，因为明天会有明天的不如意，时间是等不起的。

031. 放下就是快乐

有一个富翁家财万贯，却无快乐可言。于是富翁身背金银珠宝，到处去寻找快乐。然而走过了千山万水，也未能寻找到快乐，于是他沮丧地坐在山路边。此时，有一农夫背着一大捆柴草从山上走下来，富翁说："我是个令人羡慕的富翁。请问，为何没有快乐呢？"

农夫放下沉甸甸的柴草，舒心地揩着汗水："快乐其实很简单，放下就是快乐呀!”富翁顿时开悟：自己背负那么重的金银珠宝，老怕别人抢，总怕别人暗害，整日忧心忡忡，快乐从何而来？于是富翁将金银珠宝接济穷人，专做善事，慈悲为怀，这样滋润了他的心灵，他也尝到了快乐的味道。

时下，人们成天名缰利锁缠身，何有快乐？成天陷入你争我夺的境地，快乐从何而言？成天心事重重，阴霾不散，快乐又在哪里？成天小肚鸡肠，无法开豁，快乐又何处去寻？

因此，放下，是一味开心果，是一味解烦丹，是一道欢喜禅。只要你心无挂碍，什么都看得开、放得下，何愁没有快乐的春莺在啼鸣，何愁没有快乐的泉溪在歌唱，何愁没有快乐的鲜花在绽放！放下吧，放下你生活里所有沉重的包袱，你会发现快乐原来就是这么简单。

人生感悟

人生苦短，放下是一条解脱之道。放下，就是快乐。只有那些懂得放下的人才能让自己在有限的生命里生活的更加的充实、饱满、旺盛，才能真正地体验到生命和生活的美好。

032. 莫道人生苦，际遇各不同

有一个年轻人，满怀着希望到外地经商，经过了三年的奋斗，终于能够有所成就，心里一直梦想着衣锦荣归光耀门楣的景象。不料，一场无情的大火把他三年的努力化为灰烬，美梦顿时成为泡影，伤心之余，他有了寻死的念头。

他想找一个山崖从上面跳下去，结束这一事无成的一生。到了山崖，他发现已经有一个老人，在山崖上徘徊不决地走着。他好奇地走近老人，问其，独自一个人在此徘徊的原因，那老人告诉他："我本来有一个小康的家庭，一家四口和乐地生活着，不料，几年前自己却生了一种怪病，看尽了名医都束手无策，花尽了家产也没有一点起色，现在为了看好我的病，妻儿们连三餐都得尽量节省，以筹措我的医药费，我成了家中的累赘，我想如果我死了，他们就可以不必再过这种生活了。"

听了那老人的话，年轻人的内心感触很多。就在此时，不远处有个乞丐，手中提着包一跛一跛兴高采烈地向山上走来。看他的样子，好像趁着日暖时上山来走走玩玩的。那乞丐看见那二人，不介意的在他俩的旁边席地坐了下来，一面打开手中所提的包，一面口中念叨："今天天气真好，二位大哥兴致真高，这么早就来游山玩水。"

近身一看才知道，这乞丐不只是缺了一条腿而已，而且还少了一只胳膊，原来那包是绑在他的袖子上的。看了这情形后，那年轻人想了想那老人的情形，再想想自己，心中不禁盘算着："我不过是失去了三年奋斗的结果，但我还年轻，还有机会再来，而那老人家，不过只是暂时失去了健康，但他却拥有孝顺的儿女和贤惠的妻子；那乞丐，虽缺胳膊缺腿，无依无靠，却自由自在的生活。比起他，我们实在是连死的资格都没有。"

他就对那老人说："我不想死了！我觉得我们还不是天下最可怜的人，我们不过是没鞋穿而已，要知道世界上还有的人没脚，没脚的人都不愿意死，没鞋穿的人更没资格去死。"

老人略有所悟地点了点头，便抬脚和那年轻人一起下山去了。人生中充斥着各种各样的不如意。然而面对失意，退缩、逃避、恐惧、哭泣都是没有用的，只有以宽阔的胸怀、坚强的意志、宏大的气魄来坦然面对，以勇气和智慧去战胜失意，才会经得起历练，对得起自己的人生！

人生感悟

人生失意之事十之八九，人生处处皆是无常事，我们必须学会看破无常！只要看破生死，看破无常，才能置之死地而后生，获得新生，获得阳光，获得快乐！

033. 今生你嫁的人，是前世葬你的人

从前有个书生，和未婚妻约好在某年某月某日结婚。到那一天，未婚妻却嫁给了别人。书生受此打击，一病不起。家人用尽各种办法都无能为力，眼看着书生奄奄一息。

这时，路过一游方僧人，得知情况，决定点化一下他。僧人到他床前，从怀里摸出一面镜子叫书生看。书生看到茫茫大海，一名遇害的女子一丝不挂地躺在海滩上。

路过一人，看一眼，摇摇头走了……又路过一人，将衣服脱下，给女尸盖上，还是走了……再路过一人，过去，挖个坑，小心翼翼把尸体掩埋了。

疑惑间，画面切换。书生看到自己的未婚妻。洞房花烛，被她丈夫掀起盖头的瞬间，书生不明所以。僧人解释道：那具海滩上的女尸，就是你未婚妻的前世，你是第二个路过的人，曾给她盖上过一件衣服。她今生和你相恋，只为还你一个情。但是她最终要报答一世的人，是最后那个把她掩埋的人，那人就是他现在的丈夫。

书生大悟，唰地从床上坐起，病愈！

佛说，今生你嫁的人，是前世葬你的人。佛门讲因果报应，凡物有起因，必有结果，如农之播种，种豆必然结豆，种瓜定是结瓜，毫无虚假。

人生感悟

凡物有起因，必有结果，如农之播种，种豆必然结豆，种瓜定是结瓜，毫无虚假。

034. 恋爱需要理解，婚姻需要宽容

当爱情走过热恋到达婚姻殿堂的时候，那些炽热的话语、亲密的语言、相互的神秘正慢慢消逝，取而代之的是再平凡不过的小日子了。恋爱需要投入，婚姻更需要经营。恋爱需要浪漫，婚姻更需要在平凡中点缀；恋爱需要理解，婚姻更需要宽容。

有这样一个真实的故事。一对男女为了冲破外界的阻力，彼此等候了十多年的时间，然而等到双方终于历经磨难修成正果后不到三年的时间里，便因家庭琐事常常发生争吵而最终分手。所以有一句话说得很对，“相爱容易，相处难”。其实，波澜壮阔、惊心动魄的爱情是少的，即使有，也终将朝细水长流的亲情转化。爱需要缘分的催化才能发芽，更需要倾尽包容之心的呵护才能永葆生机和活力。“天底下没有两片完全相同的树叶”，再相似，再有默契的一对夫妻，看问题的角度、做事情的方式都难免有差异。也就是说，不可能一方所说的每句话、所做的每一件事情都能符合另一方的心意，因而日常生活中

有矛盾发生是正常的，偶尔的争吵也是不可避免的。这些都不可怕，可怕的是长期缺乏沟通，缺乏对彼此应有的包容和谅解。

茫茫人海，大家能走到一起不容易，有了孩子更不容易，若婚姻存续期间，每对夫妻都能对自己负责，对对方负责，对孩子负责，都能多一份包容，少一份计较，法院势必会少收许多离婚案件，家庭势必会多一份温馨和美满，社会势必多一份和谐与安宁。

| 人生感悟 |

婚姻犹如行驶在大海中的一帆小船，有时风平浪静，一帆风顺；有时则有风暴，有暗礁，只有划动包容的桨，挂起理解的帆，同心协力才能到达幸福的彼岸。

035. 总有一扇门为你打开

当上苍为你关上一扇门的时候，必定同时也为你打开了另一扇门。当我们陷于困难时，当走投无路时，当千钧系于一发时，当对生活失去信心时，想一想，在这个世界上，从来没有什么真正的“绝境”。无论黑夜多么漫长，朝阳总会冉冉升起；无论风雪怎样肆虐，春风终会缓缓吹拂。而对我们来说，当挫折接连不断、失败如影随形时，当命运之门一扇接一扇地关闭时，我们永远也不要怀疑，总有一扇门会为自己打开。

许多人都在生活中苦苦寻觅着自己的位置，遭遇过打击，经历了失败都很正常，但此时切不可灰心。成功的答案不止一个，失之东隅，收之桑榆。只要努力进取，总有一把钥匙属于你，也总有一扇门为你打开。

人生感悟

一帆风顺的路途令人向往，但缺少了起伏与坎坷；一览无遗地景致令人豁然，但缺少了迂回与曲折……所以，我们就没有必要害怕路途坎坷、害怕生活窘迫，只要不放弃，总有一扇门为你而开，过去的一切在跨过这道门后都将成为我们宝贵的精神财富。

036. 适时的放弃是一种人生的调整

我们多少次站在人生的岔道口上，无论我们愿不愿意都要面临诸多选择。有选择就有放弃，趋利避害是人的本能，生活中我们有许多事情要迎难而上、努力拼搏才能取得最后的胜利。但是如果目标不对，结果只能是徒劳无功。有人说：“我以一生的精力去做一件事，十年，二十年……再笨也会成为某一方面的专家。”但是如果这条路不适合你，自信和执着就变成了自负和执拗，这对自己是没有任何好处的，浪费了时间和精力，损失了物力和财力，最终也只是白忙活而已。

莎士比亚说：“倘若没有理智，感情就会把我们弄得精疲力竭，为了制止感情的荒唐，所以才有智慧。”学会适时的放弃是一种自我调整，是人生目标的再次确立。学会适时的放弃不是不求进取、知难而退，也不是一种圆滑的处世哲学。有的东西在你想得到又得不到时，一味地追求只会给自己带来压力、痛苦和焦虑。这时学会适时的放弃是一种解脱，更是一种人生的调整。

| 人生感悟 |

有的东西在你想得到又得不到时，一味地追求只会给自己带来压力、痛苦和焦虑。这时学会适时的放弃是一种解脱，更是一种人生的调整。

037. 不要在病态的孤独中萎靡

有这样一个故事。很久以前，一个孤独者倚靠着一棵树晒太阳。他衣衫褴褛，神情萎靡，不时有气无力地打着哈欠。一位智者看见他，问道："这么好的天气，你怎么一个人在这里晒太阳？"

"哎！"孤独者长叹一声："我能干什么去呢？在这个世界上，我除了躯壳外一无所有，我又何必去费心费力地做什么事呢？每天晒晒我的躯壳，就是我做的所有事了。"

"你没有家？"

"没有，与其被家庭负担所累，不如不去组建。"孤独者说。

"你没有自己所爱的人？"

"没有，与其爱过之后逐渐厌烦，或是由爱生恨，不如当初不去爱。"

"没有朋友？"

"没有，与其为了维持友谊而心力交瘁，不如一个人痛快。"

"哦，"智者若有所思，"看来我得赶快找根绳子帮你自缢。"

"为什么？"孤独者大惊道。

"人有生就有死，与其生了还会死去，不如干脆就不出生。你的存在，本身就是多余的。自缢而死，不是正合你的逻辑?”

孤独者无言以对……

孤独总是让人心生悲怆。若像上例中的人那样总是远离社会和人群，在孤独中萎靡不振或沉沦，就会被边缘化。如果要想事业成功，要想有所建树，要想品尝甘美的人生，就必须勇敢地向前走，去认识更多的人，去结交更多的新的朋友。

人，应该正确的生存，当孤独潜入我们心灵的同时，也要洒进一点阳光！

人生感悟

远离社会和人群，在孤独中萎靡不振或沉沦，就会被边缘化。如果要想事业成功，要想有所建树，要想品尝甘美的人生，就必须勇敢地向前走，去认识更多的人，去结交更多的新的朋友。

038. 学会忘记苦难，才有空间容纳幸福

一位苦恼的年轻人背着个大包裹去寻找幸福，经历了层层荆棘和道道坎坷，来到一条波浪汹涌的大河前。

河上没有桥，只有一位清瘦的白首老人驾着独木舟在河中摇荡。

老人问年轻人去哪里，他说他要去寻找幸福。

“是吧，那你把这个破包裹丢到河里，然后再去寻找。”

“这可不能，包裹里面藏着我一路上跋涉中的孤独、黑夜里的寂寞、跌倒时的痛苦、受伤后的泪水，靠着它们的陪伴我才走到了今天。”

老人不语，只是在过河之后要求年轻人把自己也放进包裹里。

“什么?”年轻人以为自己听错了。

“是的，你什么都放不下，那我也帮助你过了这条大河，你应该把我也带上。”

年轻人恍然大悟，把装满痛苦回忆的包裹丢下，顿时感到步履无比轻松，原来这就是自己拼命寻找的幸福。

其实，脆弱的生命本来就不应该有那么多沉重。我们在经历无数无可挽回、无法抗拒的灾难后，可能会万念俱灰，然而，与漫长的生命相比，过去永远都是轻的。所以，遭受了大悲痛和大苦难之后，最主要的是让未来快乐更多，幸福更多，而快乐与幸福不会成长于过去痛苦的荒原中。所以我们要学会忘记苦难，心中时刻铭记智者的话：“你前世即使是被冤屈的鬼魂，但在经历过痛苦的十字架之后，唯一值得守候的也只有复活节的到来。”

| 人生感悟 |

快乐与幸福不会成长于过去痛苦的荒原中。只有学会忘记苦难，才有空间容纳幸福。

039. 不要有了面子，苦了日子

俗话说：“人比人，气死人。”事实上，人比人并不要紧，积极向上的比较是前进的动力，但人比人而生气，继而盲目攀比才是最可怕的。

生活的差别无处不在，而攀比之心又是如此难以克服，这往往给人生的快乐、幸福、成功打了不少折扣。在我们周围有这样一些人，他们将自己与周围环境中的各色人物进行比较，比得过的便心满意足，比不过的便在那儿生闷气发脾气。攀比，说到底就是一个面子问题。对个人来说，只要都超过别人，就算是有面子了。至于面子以后的日子，攀比之时是不会考虑的。以至于绝大多数人有了面子，苦了日子。

攀比常常是物质上的，但它影响的却是人的身心健康。我们越来越富，但是体会不到幸福，部分原因是，我们总拿自己与那些物质条件更好的人相比。人不可能会有满足的时候的。如果一味攀比，你将永远看不到尽头。

人生感悟

攀比常常是物质上的，但它影响的却是人的身心健康。人的烦恼来自于相互的攀比。人不可能会有满足的时候的。如果一味攀比，你将永远看不到尽头，会让自己生活得很累。

040. 生气是拿别人的错误来惩罚自己

人生多变幻，这是不幸，也是幸运，因为它给了我们努力的希望和勇气。其实我们每个人都希望被人重视、受人尊重、受人欢迎，但有时又难免被人嘲弄、受人侮辱、被人排挤。生活给了我们快乐的同时，也给了我们伤痛的体验。为什么我们不能坦然地面对一切？为什么要为眼前的不幸而悲观丧气、怨天尤人？不必将所有的责任推到别人的身上，如果我们自己足够优秀——至少比现在优秀，别人还会对你冷嘲热讽吗？让自己快乐起来的最好办法就是自己争气，去做更好的自己。

何苦要生气？生气便是别人吐出而你却接到口里的那种东西，你吞下便会反胃，你不看它时，它便会消散了。正如哲学家康德说：生气就是拿别人的错误来惩罚自己。

人生感悟

虽然发怒是一个人正常情绪的流露，但是如果经常发怒，不仅会伤害到周围的人，而且会给自己带来身心上的疾病。生气一分钟，你将失去60秒的快乐。

041. 机会属于勇于尝试的人

机会永远属于有准备的人，成功就是要勇于尝试。

从前有个人，愚痴无智。他非常渴，很想喝水，见到田野间蒸腾的水汽，还以为是水，于是追逐那片水汽而行，一直走到了河边。到了水边之后，他却看着河水而不喝。旁边的人对他说：“你渴得那么厉害一直寻找着水源，现在到了水边，为什么又不喝了呢？”

愚人回答道：“如果可以将这些水喝尽的话，我就喝了。这里的水这么多，完全不可能喝光的，所以我才不喝。”

当时众人听了这话，全都大声讥笑他。

愚人努力了，但是却因为没有敢于尝试的勇气，而一直渴着。假如他敢于喝水，那他还会渴吗？

现实生活中，有人即使很有耐心地努力了一辈子也没有成功。不过，可以百分之百确定一点：如果没有持之以恒的努力，没有敢于尝试的勇气，就绝对不会有收获。

人生感悟

我们身边每天都围绕着很多机会，很多人不敢尝试，是害怕失败。其实失败并不重要，重要的是会及时总结经验，查找原因，及时改进，一定会成功的！

042. 有一种生活智慧叫顺应自然

在人生的旅途上，“万事如意”只能是人们良好的愿望，而并非生活的现实。人生随时都可能遇到不顺心的事，或是高考落榜，或是下岗失业，或是晋升无望，或是怀才不遇，或是生意翻船……都会因为主观愿望与客观的限制而引起强烈的心理冲突。

人都有七情六欲，喜怒哀乐是人之常情，人遇到不高兴的事，心情也不可能好的。如果违背自然规律，硬要逼迫自己情绪好起来，那只能适得其反，使自己的情绪更糟。正确地做法应该是顺其自然，让不好的情绪自然而然地逐渐消失，心情自然会好转的。

为什么有很多人会感到适应不了社会呢？其实是他们想把什么事都做得完美，让所有人都满意。事实上，这是不可能做到的，俗话说“一人难称百人心”，也就是说，无论你把事情做得多么完美，都会有人不满意的，而只要有人不满意，你就会有挫折感，当然也就无法适应社会了。事实上，不管别人怎么说，只要自己问心无愧地把事情做好就行了。

人世间没有永远的赢家，也没有永远的输家。一如自然界，长青之树无花，艳丽之花无果，雪输梅香，梅输雪白。只要我们能够顺应自然，我们就能够处理好所遇到的各种问题，也就远离了烦恼和苦闷，生活自然就很快乐，身体自然就会健康。

人生感悟

生活时顺应自己生存的环境，做事时顺应事物发展的规律，万事万物按照规律自然就可以发展得很好。

043. 别为琐碎的小事而烦恼

有一对夫妇，吃饭闲谈。妻子兴致所至，一不小心冒出一句不大顺耳的话来。不料丈夫细细地分析了一番，于是心中不快，与妻子争吵起来，直至掀翻了饭桌，拂袖而去。

在我们的生活中，这样的例子并不少见，细细想来，当然是因小失大，得不偿失的。我们不得不说，他们实在有点小心眼，太在意身边那些琐事了。其实，许多人的烦恼，并非是由多么大的事情引起的，而恰恰是来自对身边一些琐事的过分在意、计较和较真。

人生中这种过于在意和计较的毛病一旦养成，天长日久，许多小烦恼就会铸成大烦恼。其实，在这一点上，古代的智者们早已有了清醒而深刻的认识，早在两千多年前，雅典的政治家伯里克利斯就向人们发出振聋发聩的警告：“注意啊，先生们，我们太多地纠缠小事了！”后来，法国作家莫鲁瓦更深刻地指出：“我们常常为一些应当迅速忘掉的微不足道的小事所干扰而失去理智，我们活在这个世界上只有几十个年头，然而我们却为纠缠无聊琐事而白白浪费了许多宝贵时光。”这话实在发人深省。过于在意琐事的毛病严重影响了我们的生活质量，使生活失去光彩。显然，这是一种最愚蠢的选择。

对于每个人来说，烦恼、痛苦都是难免的，而一些人往往太过于计较，认为这是自己的不幸，生活没有快乐可言。其实只要我们学会包容，用心去领悟生活的内涵，珍惜所拥有的幸福，对一些小事不去在意，用大海般的胸怀去容纳一切，人生的境界就会从此不同。

不在意并不等于逃避现实，不是麻木不仁，不是看破红尘后的精神颓废和消极遁世；不是什么都冷若冰霜、无动于衷的作家笔下的“局外人”。而是在奔向大目标途中所采取的一种洒脱、豁达、飘逸的生活策略。倘能如此，自然会拥有一个幸福美妙的人生。

人生感悟

许多人的烦恼，并非是由多么大的事情引起的，而恰恰是来自对身边一些琐事的过分在意、计较和较真。对一些小事不去在意，用大海般的胸怀去容纳一切，人生的境界就会从此不同。

044. 无限膨胀的欲望是燃烧自身的烈火

人的欲望像越滚越大的雪球，蛊惑着人们拼命向前。而有的人却是在走一条不归路，永远与自己的初衷相偏离，为了欲望而引火自焚，最终落个身败名裂。

我们都见到过赌徒在赌场中的情景，赢的人开怀大笑，输的人则是顿足捶胸，但是不管是输是赢，总之是没有谁愿意轻易地离开。因为赢的人想赢得更多，输的人想翻回本钱。最后赢的仍会输光，输的只会输得更惨。

秦朝的宰相李斯可以说是声名赫赫、不可一世。后来，他成了阶下囚，临行刑的时候，他对他的小儿子说："我跟你还能够牵着咱们那条卷尾巴的黄狗，穿过上蔡县城的东门，到山上去追猎野兔吗?"这正是一个"持之盈之"者，对于平静恬淡的生活重新渴望的真实写照。然而，此时才想到返璞归真，为时晚矣！

人有追求是好事，欲望更是人性天然的一部分，但是人是有限度的，他的客观需要也是有限度的，但欲望却可以无限膨胀，当它超越了生命个体的客观限度，发展到无边无际，必然走向反面。

人生感悟

人不能没有欲望，适度的欲望是前进的动力。但是当欲望无限膨胀，当它超越了生命个体的客观限度，发展到无边无际时，必然走向反面，成为燃烧自身的烈火。

045. 黑暗不是你的人生色彩，你只是在经历黑暗

美国房地产大王德那路得·图兰浦，曾经因为生意惨败，一度负债高达1亿美元。有一天，他走在大街上，刚巧看到了一些流浪者。他指着那些流浪者对随从们说："看看他们，他们也许不敢相信，他们的资产超过了1亿美元呢!"的确，虽然流浪者的资产是"0"，但

是他们没有1亿美元的负债。在负债1亿美元的图兰浦看来，流浪者们同样拥有着1亿美元的资产。

在危机和困境里想想你还拥有的东西，你并不是那个最惨的人，利用你剩下的东西在困境中崛起，你就是强者。黎明之前必先经历黑暗，经历黑暗之后才能更显阳光的灿烂。

世界上没有无边的黑暗，只要你有坚强的忍耐力和不惧怕黑暗的勇气，看到黎明时喷薄的太阳根本不是问题。要相信，你完全有足够的能力去经历黑暗。一个人平常所使用的能力是全部能力的3%，剩余的97%在大脑里。而这种巨大的潜能发挥作用恰恰是危机来临时，这个时候，最值得我们去做的事情就是，竭力不让曾经的理想褪色和搁浅。只要灵活、恰当地运用存在的、剩余的东西，就一定能够力挽狂澜，能够使局面变得比以前更好。

其实，人的一生只是一个“不断到达”的过程，所有我们想要的东西，都不会立刻如愿呈现。我们歌之舞之、出之入之的，不是明星名人的世界，而是生命的舞台。生命的舞台是无法事先布置的，它的面前是一条黑色的布幔，你只有靠自己的勇气拉开它，才会看到色彩斑斓的画面。

人生不可能一路光明，说不上何时，我们就可能身处黑暗。这时与其烦恼抱怨，不如坚定地告诉自己：“黑暗不是我的人生色彩，我只是在经历黑暗。”

人生感悟

生命的舞台是无法事先布置的，它的面前是一条黑色的布幔，你只有靠自己的勇气拉开它，才会看到色彩斑斓的画面。身处困境，与其抱怨，不如坦然面对，然后尝试着去改变。

046. 请停下忙碌的脚步

没有谁让我们过得如此忙碌，也没有人强迫我们这样；越是忙碌的人心里越恐慌、畏惧；我们因为太忙碌而忘记了思考，我们不是没有时间去思考，而是让自己承受了太多的压力。

云南有一个古城，气候宜人，土地富饶，物产丰富，人们生活悠闲，节奏慢悠悠的。有一个英国绅士看到这里的人们生活悠闲，就问一个老太太，夫人，你们这里的人生活节奏为什么总是慢悠悠的？老太太说，先生，你说人最终的结果是什么？英国绅士想了想说，是死亡。老太太说，既然是死亡，你忙什么？

生命是一个过程，不是一个结果，如果你不会享受过程，结果是什么大家都知道。生命是一个括号，左边括号是出生，右边括号是死亡，我们要做的事情就是填括号，要用靓丽多彩的事情，把括号填满。

生命的质量取决于你每天的心态，如果你能保证眼下心情好，你就能保证今天一天心情好，如果你能保证每天心情好，你就会获得很好的生命质量，体验别人体验不到的靓丽的生活。适当地停下忙碌的脚步吧，换个生活方式，就换来另一种心情，换来另一种心情，也就是换来了别样的人生！

人生感悟

我们因为太忙碌而忘记了思考，我们不是没有时间去思考，而是让自己承受了太多的压力。适当地停下忙碌的脚步，换个生活方式，就换来另一种心情，换来另一种心情，也就是换来了别样的人生！

047. 有钱就会快乐吗

有钱就等于快乐吗？许多穷人都有一种天真的想法："如果我拥有足够的钱，我将快乐无比！"其实不然。因为，在有这种想法的人心目中，从来没有播下过快乐的种子。

银行存折上的数字，不是计算你是否生活丰富的标准。丰富是指在你生命中流通的东西；丰富是一种交流——支出与收入。如果你在银行有了一大笔钱，但却分文不动，它就一点也不能让你富有。在法律上，它固然是你的，但在现实生活中，你却不能从中获得任何东西。这笔钱既然不能使你富足，也和属于别人没有什么两样。因此，"付出"与"回报"的原则是仍然适用的。

快乐是一位纯洁、公平的天使，只要你乐意接受它，不管你有没有钱，她都会愉快地与你握手。付出的东西，是我们心甘情愿的；收获的东西，则必定是因为我们曾付出过。快快乐乐做个凡人，比那些把钱视作生命的人幸福得多！

人生感悟

人，一生也不能仅只有钱。如果说，一个人一味地追求金钱，实际上，他已经沦为金钱的奴隶。

048. 人生难得是满足

瞎爷是一个乐天知足的人。他的左眼在他9岁那年的一场高烧之后，就再也看不见东西了！而他却劝爹娘不要哭，他说，这场病不就弄坏了我一只眼吗？左眼瞎了，右眼还能看得见呢！比起那些双目失明的人，不是要强多了吗？他的话让两位老人停止了流泪。

因为家里无力供他读书，他只能到私塾里旁听。为了不让爹娘因此事感到伤心，他就常劝爹娘："我识字虽然不多，但总比那些一天书没念，一个字不识的孩子强多了吧！"爹娘一听也觉得安然了许多。

后来，瞎爷娶了个媳妇，这个媳妇虽然勤快、能干，可脾气暴躁，常常把婆婆气得心口作疼。儿子劝道："娘，你这个媳妇是有些不温柔，但她心地还算善良，您别理会她也就是了。"爹娘一听也觉得是这样，怄的气也少了。

瞎爷老了，他为自己做了棺材，可是做的棺材属于非常寒酸的那一种，妻子愧疚不已，瞎爷劝说："这棺材比起富贵人家的上等棺木是差远了，可是比起那些穷得连棺材都买不起、尸体用草席卷的人，不是要强多了吗？"

瞎爷活到72岁，无疾而终。在他临死之前，对哭泣的老伴说："有啥好哭的，我已经活到72岁，比起那些四五十岁就死了的人，不是强多了吗？"

瞎爷死的时候，面目安详，眼角还留有笑容……

瞎爷虽一生贫穷，但他却非常快乐，那是因为他从不拿自己无力改变的现状和比自己强的人攀比，正是这种乐天知足的人生观，才让他找到了安详。

不要总是抱怨你不够快乐，那是因为你不懂得满足，为“欲”而生的人当然找不到轻松快乐，因为他总背负着“欲”的包袱。如果知道现状难以改变，与其无奈奢望，不如乐天知足，或许你会发现这样的人生更快乐。

人生感悟

一个快乐的人不一定是最有钱的、最有权势的，但快乐的人是真正幸福的人，因为幸福的真谛就是快乐，而快乐又往往来源于知足！

049. 换一种心情，处处是风景

有一对住在郊区的老夫妇，很让邻居羡慕，因为他们有自己宽敞的小院子，郊区有清新的空气，有大片的树林，有幽静的林间小道，有鸟语和花香。然而，当这对老夫妇知道有人羡慕他们的住所时，却神情诧异。他们认为这儿没有多少值得观光和留恋的景致，远不如市区里丰富有趣。原来，熟悉的地方已不再有风景。他们对这儿太熟悉了，花草树木、清风明月，在他们漫长的日子里，已不再有风景的含义，而成为习以为常的东西了，所以，风景已不再成其为风景了。

某著名作家曾写过这样一段话：“在我看来，最糟糕的境遇不是贫困，不是厄运，而是精神心境处于一种无知无觉的疲惫状态。感动过你的一切不能再感动你，吸引过你的一切不能再吸引你，甚至激怒过你的一切也不能再激怒你，即便是饥饿与仇恨感，也是一种强烈让人感到存在的东西，但那种疲惫会让人止不住地滑向虚无。”如果真的处在这种状态当中了，这时，人就需要寻找另一片风景。

新的美景的方法很多。如果工作很固定，你可以换换上下班的方式与路线，观察一下不同的景致和穿梭的人群；工作内容没变，你可以换一种方式看看是否提高了效率；与家人一起动手完成一件作品，看你是否像自己想象中的那样心灵手巧；培养一些适合自己的业余爱好，坚持下去就会发现其乐无穷……

那时，你将发现改变的不仅是生活，更多的是生活的激情。

人生感悟

即使生活难以改变，但换种方式我们依旧可欣赏到美景。

050. 回归真实的自我

我们总是把拥有物质的多少、外表形象的好坏看得过于重要，用金钱、精力和时间换取一种有目共睹的优越生活，却没有察觉自己的内心在一天天地枯萎。

当你为拥有一个属于自己的房子、一辆漂亮的小汽车而加班加点地拼命工作的时候；当你为了一次小小的提升而默默忍受上司苛刻的指责，并一年到头赔尽笑脸的时候；当你为了无休无止的约会精心装扮、强颜欢笑，到头来回家面对的只是一个孤独苍白的自己的时候，你是否问过自己干吗要这样，它们真的那么重要吗？

当你平息了外部无休的喧嚣，回归内心的宁静的时候，你就会换一个视角，换一种态度，改变那些需要改变的、繁杂的、没有真实意义的生活，然后全身心投入到你自己的生活中去。无论你是在城市还是乡村，无论你是贫穷还是富有，你都可以享受生活，感觉蓝天、空气、阳光还有真实的自我——以真实面对生活，面对心灵，以真实面对世界和他人。

人生感悟

回归真实的自我，才能更加深层地认识自我的本质。你的身体和精神才能被调整到一个最佳境界。

051. 一条路走到黑，不是执着而是傻

当你遇到一个问题无法解决，甚至已经影响到你的生活、心情时，不妨停下脚步，想一想是否还有回旋的余地；或许换种方法，换条路走，事情便会简单些。但在那一瞬间，我们往往不会想这些，只是一味地在原地踏步、绕圈，把自己沉浸在痛苦的深渊中。其实，生活中总会有挫折，但那不是尽头，只是在提醒你：该转弯了！

一个人，不是每一条河都能顺利渡过，遇到过不了的河掉头而回，也是一种智慧。

人的一生，有许多事是不以自己的意志为转移的，理想与现实有相当大的距离。即使你做出了巨大的努力，也不能保证百分之百的成功，失败常常伴随着人生。

做人不能一条道走到黑，虽说“车到山前必有路”，但是到了山前没有了路，而是万丈悬崖，你还会不顾一切地闭着眼睛向前走吗？如果继续走下去，只能说你很傻。人生有很多条道路，路到尽头，就应该转弯。条条大路通罗马，何必吊死在一棵树上。

如果一块地不适合种麦子，可以试试种豆子；豆子也长不好的话，可以种瓜果；瓜果也不行的话，撒上些荞麦或许能成功。因为一块地，总有适合它的种子。在我们的生活中，如果此路不通，不妨换一条路走，换一种方式思考，也许就会“柳暗花明又一村”了！

人生感悟

人生中总会遇到这样或那样的挫折，一条路走到黑是不明智的，当此路不通时，就该转弯了。

052. 时刻保持一颗平常心

时刻保持一颗平常心，是一个人优良素质和修养境界的反映，它意味着一个人在现实经历当中，对自己思维和行为的驾驭能力能不受喜、怒、哀、乐等情绪的干扰和影响。

有一则禅宗故事是这样的：

一个学僧到法堂请示禅师道：“禅师！我常常打坐，时时念经、早起早睡、心无杂念，自忖在您座下没有一个人比我更用功了，为什么就是无法开悟？”

禅师拿了一个葫芦、一把粗盐，交给学僧说道：“你去将葫芦装满水，再把盐倒进去，使它立刻溶化，你就会开悟了！”

学僧遵示照办，过不多久，跑回来说道：“葫芦口太小，我把盐块装进去，它不化；伸进筷子，又搅不动，我还是无法开悟。”

禅师拿起葫芦倒掉了一些水，只摇几下，盐块就溶化了，禅师慈祥地说道：“一天到晚用功，不留一些平常心，就如同装满水的葫芦，摇不动，搅不得，如何化盐，又如何开悟？”

学僧：“难道不用功可以开悟吗？”

禅师：“修行如弹琴，弦太紧会断，弦太松弹不出声音，平常心才是悟道之本。”

学僧终于领悟。

世间事，不是一味执着就能进步的，读死书而不活用，不能获益。留一点空间，给自己转身；余一些时间，给自己思考。不急不缓，不紧不松，那就是入道之门了。

人生感悟

保持一颗平常心并不需要刻意而为之，应该是将我们平日里的知识和经验沉淀在内心深处而形成的生活态度的自然流露。这样我们才能远离偏见，不计得失。

053. 一味听信于别人，便丧失了自己

有一位画家想画出一幅人人见了都喜欢的画。画毕，他拿到市场上去展出。画旁放了一支笔，并附上说明：每一位观赏者，如果认为此画有欠佳之笔，均可在画中做记号。

晚上，画家取回了画，发现整个画面都涂满了记号——没有一笔一画不被指责。画家十分不快，对这次尝试深感失望。

画家决定换一种方法去试试。他又临摹了同样的画拿到市场展出。可这一次，他要求每位观赏者将其最为欣赏的妙笔都标上记号。当画家再取回画时，他发现画面又涂遍了记号，一切曾被指责的笔

画，如今却都换上赞美的标记。

“哦！”画家不无感慨地说道，“我现在发现一个奥妙，那就是：我们不管干什么，只要使一部分人满意就够了。因为，在有些人看来是丑恶的东西，在另一些人眼里恰恰是美好的。”

所谓众口难调，一味听信于别人，便丧失了自己，便会做任何事都患得患失，诚惶诚恐。这种人一辈子也成不了大事。他们整天活在别人的阴影里，太在乎上司的态度，太在乎老板的眼神，太在乎周围人对自己的看法。这样的人生，还有什么意义可言呢？一个宽心的人一定是一个活在自己世界里的人。

人各有各的原则，各有各的脾气性格。有的人活跃，有的人沉稳，有的人热爱交际，有的人喜欢独处。不论什么样的人生，只要自己感到幸福，又不妨碍他人，那就足矣，不要压抑自己的天性，失去自己做人的原则。太在乎别人的看法只会让自己活得沉重。我们不妨我行我素，不为别人的眼光违背自己的心意，尊重自己生活的行为方式，做你真正想做的事情，做想做的人，才会达到快乐自在的人生状态。

| 人生感悟 |

我们不管干什么，只要使一部分人满意就够了。因为，在有些人看来是丑恶的东西，在另一些人眼里恰恰是美好的。

054. 凭知觉草率行事，只会招致后悔

古印度有一个婆罗门。他的妻子一直没有为他生孩子，于是他们就领养了一个名叫那俱罗的孩子，一家人和和睦睦。后来，他的妻子

终于生了个儿子，他们对收养的孩子的感情就有了些微妙的变化。

一天，婆罗门夫妇出门做工，便关照那俱罗好好照顾弟弟。

小儿子长得白白胖胖，没想到身上的香味引来一条毒蛇。那俱罗发现之后奋不顾身地扑上前去，杀死了这条蛇。

碰巧这个时候，婆罗门夫妇回到家中。婆罗门远远见到那俱罗手中握着一把刀，身上血迷斑斑，而小儿子背对着自己躺在床上一动不动，以为那俱罗杀了他的小儿子。盛怒之下，婆罗门不分青红皂白，气急败坏地拿起手杖朝那俱罗打了过去，可怜那俱罗来不及申辩就一命呜呼了。这时小儿子惊醒了发出哭声，婆罗门突然发现小儿子并没有死，床角旁边是一条被砍死的毒蛇，方才明白过来是那俱罗救了他的小儿子。婆罗门悲痛欲绝，后悔莫及。

佛家讲因果相应，事情总会有起因，但起因很可能隐藏在事物的背后，如果只凭感觉臆测就草率地行事，肯定会出差错，让人后悔不已。所以，我们凡事要想一想为什么，怎么会出现这种情况？出现这种情况的深层原因是什么？我们应该怎么对待？

人生感悟

当一个人抛开了理性，没有了理智的支配，就会草率行事，草率行事的后果不但给别人造成了伤害，也会使自己遗恨终生。

055. 学会灵活变通，自有一番新天地

早期没有鞋子穿，人们走在路上，都得忍受碎石硌脚的痛苦。某国的一个太监把国王的所有房间全铺上了牛皮，当国王踏在牛皮上

时，双脚感觉非常舒服。

于是，国王下令全国各地的马路上都必须铺上牛皮，好让国王走到哪里都会感觉舒服。有一个大臣建议：不需要如此大费周折，只要用牛皮把国王的脚包起来，再拴上一条绳子就可以了。于是无论国王走到哪里，都感觉很舒服。

故事中的大臣是聪明的，他的变通使舒服与节约两全其美。假如，我们在工作学习之余，能学会变通，随时调整自己的方向和步骤，便会有事半功倍的效果。时时处处善于用心的人，灵活变通的人，愁事可以办成喜事，难事可以办成易事，化不利之事成有利之事，变难堪之事为愉悦之事，变坏事为好事。

人生感悟

在工作学习之余，能学会变通，随时调整自己的方向和步骤，便会有事半功倍的效果。

056. 家是讲爱的地方，不是讲理的地方

清官难断家务事，在家里不要较真，否则就是愚不可及了。家人之间哪里有什么大是大非、原则立场可讲，动不动搞得就像阶级斗争似的，都是一家人，何至于此？家是用来讲爱的地方，不是用来讲理的地方。若出现家庭矛盾，你应当大事化小，小事化了，当一个笑口常开的和事佬。学佛的，天天都说要发慈悲心，家里这些都是众生——与自己最有缘分、最需要自己照顾的众生，你却不去照顾他，不去关心他，不去尊重他。他成为你的儿女、他成为你的家人，这也

是一种缘分，他是最需要你的关心爱护帮助的众生，你把这个众生忘了，那你怎么发慈悲心？

不要太较真，也不是说让我们对什么都漠不关心，稀里糊涂的过一辈子。这需要把握好一个“度”，至于怎样把握，那个关键的平衡点在哪里，就需要大家在生活中慢慢地摸索和总结了。就像那句话说的——难得糊涂！的确，生活中不要过得太“精明”，太较真，绑住了自己，也会困住他人。学着释怀，学着包容，路才能走得更顺，生活才会更加的美好！

人生感悟

家是用来讲爱的地方，不是用来讲理的地方。若出现家庭矛盾，应当大事化小，小事化了，这样家庭才能和睦幸福。

057. 懂得舍弃才有所获得

佛说：“懂得舍弃才可能有所获得。”对人生来说，舍弃本身就是一种智慧、一种清醒，更是一种金钱买不来的财富。

目标与欲望是永无止境的，我们不要背负太多的超出自己所能及的担子，要选择适合自己的、力所能及的事情，减掉多余的欲望与奢侈，减去没有价值的身外之物。也就减去了疲惫，减掉了烦恼，减掉了自己的虚伪与贪婪。让心灵得到净化，使生活变得更加舒适与安宁。

有时，许多东西，许多事情我们很难做取舍。有些东西看似非常重要，其实并非我们需要。有些事情我们认为必须要做，可往往操之过急，适得其反。学会做生活中的减法，让生活简单化，已是我们的当务之急。

每个人的一生总在不停地做着“加法”和“减法”，重要的是判别哪些该做“加法”，哪些该做“减法”。智慧的人并不是只会做“加法”的人，而是也会做“减法”的人。

人生感悟

许多东西，许多事情我们很难做取舍。有些东西看似非常重要，其实并非我们需要。智慧的人并不是只会做“加法”的人，而是也会做“减法”的人。

058. 不怕在挫折面前跌倒，就怕跌倒了爬不起来

有这样一个故事，一位砍柴为生的樵夫常年住在山里，他每天都不辞辛苦地劳作，为的就是建一座能为他挡风遮雨的房子。在他不懈的努力下，房子终于建好了。

可天有不测风云，一日他挑了砍好的木柴到城里交货，当他黄昏回家时，却发现房子燃起了大火。

左邻右舍都来帮忙救火，但是因为傍晚的风势过于强大，人们尽了最大的努力还是没有办法将火扑灭，所有的人只能哀声叹息，眼睁睁地看着炽烈的火焰吞噬了整栋木屋。

大火终于灭了，人们的目光都集中在樵夫身上，目光里满是同情，所有人都以为樵夫会伤心地哭泣，可是他们却发现樵夫手里拿了

一根棍子，跑进倒塌的屋里不停地翻找着。围观的人以为他正在翻找藏在屋里的珍贵宝物，所以也都好奇地在一旁注视着他的举动。

过了半晌，樵夫终于兴奋地叫着："我找到了！我找到了！"

邻居们纷纷向前一探究竟，才发现樵夫手里捧着的是一柄斧头，根本不是什么值钱的宝物。

只见樵夫兴奋地将木棍嵌进斧刀里，充满自信地说："只要有这柄斧头，我就可以再建造一个更坚固耐用的家。"

是呀，只要决心和毅力不倒，跌倒了又怎样呢？爬起来，一切都可以重来。生活中因为有了挫折，才锻炼了我们的承受能力，因为有了它才能时刻提醒着我们，何处跌倒，就从何处爬起来，继续往前走。这个世界上也并不缺乏因为一个大挫折而成就了一个大人物的故事。一个挫折往往可以使人们从中学到许许多多的东西，明白自己的许多不足。如果成功是一门科学，那么挫折就是一位老师，它善于用反面事例和材料教育人们明白成功的必备条件，从而使人们更好地去获得成功。

成功的人不是从未被击倒过，而是在被击倒后，还能够积极地往成功之路不断迈进的人。跌倒了再爬起来，这才是能够实现自我的人生态度。所以，在挫折面前跌倒不怕，怕的就是跌倒了爬不起来。

人生感悟

成功的人不是从未被击倒过，而是在被击倒后，还能够积极地往成功之路不断迈进的人。跌倒了再爬起来，这才是能够实现自我的人生态度。

059. 只有无争，才能无忧

好“争”是许多人处世的一个突出特点，他们凡事都争，也不管争的是否有意义、有价值。好在“争”是一个中性词，为一己私利与人“争夺”、“争抢”是不为人耻的，但是，如果是为了正义的事情而争，则是值得赞扬的。然而，遗憾的是，生活中很多人都热衷于前一种“争”，他们为名争，为利争，结果争来争去，除了烦恼增加外，并没有得到什么有意义的实质性的东西。

事实上，与人无争，就能亲近于人；与物无争，就能育抚万物；与名无争，名就自动到来；与利无争，利就聚集而来。生活中绝大多数祸患的到来，全是争的结果。而无争，也就无灾祸。

老子说：“只有无争，才能无忧。”利人就会得人，利物就会得物，利天下就能得天下。从来没有听说过争私利的人能得大利的。所以善利万民的人，如同水滋润万物而与万物无争，不求所得。所以老子说:“只有不争，所以天下没有能与他相争的了。”

不争，心境自然开朗；不争，自然能获得更多的快乐；不争，自然能得到人们的尊崇。那些面对蝇头小利争得硝烟四起，甚至是你死我活的人，即使表面上他们赢了，实际上他们还是输了，因为爱争的人会因争而失去人缘，也会因争而给自己带来无穷的烦恼。

只有无争，才能无忧。

不争，心境自然开朗；不争，自然能获得更多的快乐；不争，自然能得到人们的尊崇。

060. 悲喜成败尽在一念间

真正的勇士，敢于直面淋漓的鲜血和惨淡的人生。华罗庚曾说过："只有在逆境中挣扎过、奋争过的人才可以说无愧于人生。"知难而上，挑战挫折，是人应该具备的精神。

一头驴不小心掉进一口枯井里，农夫千方百计想救出驴子，但一切都是徒劳。最后，农夫觉得这头驴子年纪大了，不值得大费周折去把它救出来。还不如把井填起来，连驴子一起埋了。

当人们把泥土铲进枯井中，这头驴知道了自己的处境，便哭得很惨。过了一会儿，驴子就安静下来了，原来驴子找到了求生的办法——当泥土落到驴子的背部时，驴子将泥土抖落在一旁，然后站到铲进井里的泥土堆上面。就这样，驴子将大家铲倒它身上的泥土全数抖落在井底，然后再站上去。很快地，这头驴子便得意地在众人惊讶的表情中来到地面，快步地跑开了！

在人生的旅途中，我们所遭遇的种种困难挫折就是加诸在我们身上的"泥沙"，然而，换个角度看，它们也是一块块垫脚石。只要我们坚持不懈地将它们抖落掉，然后站上去，那么即使是掉落到最深的井里，我们也能安然地脱困。

一切的困难、一切的挫折对我们都很重要，都有价值，千万不要暴殄上天所赐给我们的这些宝贵资源，只要我们把它们视为盟友、老师、教练，它们将会指引我们走出人生的低谷。

| 人生感悟 |

不管你处境如何，只要拥有正确观念，并付诸行动，就有机会改变自己的生活。

061. 信心的力量是无穷的

西方一位心理学家曾经说过，“心态是横在人生之路上的双向门，人们可以把它转到一边，进入成功；也可以把它转到另一边，进入失败。”

有一位日本武士，名叫信长。有一次，在面对实力比他的军队强十倍的敌人时，他决心打胜这场硬仗，但其部下却表示怀疑。

信长在带队前进的途中让大家在一座神社前停下。他对部下说：“让我们在神面前投硬币问卜。如果正面朝上，就表示我们会赢，否则就是输，我们就撤退。”部下赞同了信长的提议。

信长进入神社，默默祷告了一会，然后当着众人的面投下一枚硬币。人家都睁大了眼睛看——正面朝上！大家欢呼起来，人人充满勇气和信心，恨不能马上就投入战斗。

最后，他们大获全胜。一位部下说：“感谢神的帮助。”

信长说道：“是你们自己打赢了战斗。”他拿出那枚问卜的硬币——硬币的两面都是正面！

这个故事告诉我们：你要想赢得人生，心态就不能总处在消极的状态，那只会使你沮丧、自卑、徒增烦恼，还会影响你的身心健康，结果，你的人生就可能被失败的阴影遮蔽了它本该有的光辉。如果我们拥有了成功的心态，我们就会拥有积极的人生，我们就会用积极的思考、乐观的精神和辉煌的经验来控制自己的人生。

人生感悟

人世间真正的危机不是安全危机，也不是金融危机，而是信心危机。没有比脚更长的路，没有比人更高的山，在困难面前，如果失去信心，就意味失去了一切；在危机面前，如果没有化解危机的信心，就没有了希望。

062. 改变情绪，才能改变思想和行为

人在心情不好的时候会不自觉地关门不跟人说话，嘟着嘴生闷气，锁着眉头胡思乱想，结果心情更坏、更难过。所以，人要拒绝让坏心情折磨才行。我们想拥有好心情，就得从原有的坏心情中开脱，从烦恼的死胡同中走出来。

有个女人习惯每天愁眉苦脸，小小的事情似乎就引起不安、紧张。孩子的成绩不好，会令她一整天忧心，先生几句无心的话会让她黯然神伤。她说："几乎每一件事情，都会在我的心中盘踞很久，造成坏心情，影响生活和工作。"

有一天，她有个重要的会议，但是沮丧的心情却挥之不去，看看镜子里自己的脸庞，竟然无精打采。她打了电话问朋友，"该怎么做？我的心情沮丧，我的模样憔悴，没有精神，怎么参加重要的会议？"

朋友告诉她："把令你沮丧的事放下，洗把脸把无精打采的愁容洗掉，修饰一下仪容以增强自信，想着自己就是得意快乐的人，很快地你就会谈笑风生，笑容可掬。"她照着去做，当天晚上在电话中告诉朋友说："我成功地参加了这次会议，争取到新的计划和工作。我没想到一个人的心态如此重要。"

其实，人只要肯换个想法，更动一下态度，或者调整一下作息，就能让自己有新的心境。只要我们肯稍作改变，就能抛开坏心情。一个人只有懂得改变情绪，才能改变行为。

人生感悟

生活就是这样，痛苦紧跟着欢乐。没有谁总是顺利，也没有谁总在谷底品尝失落。欢乐总被痛苦打断，痛苦又总被欢乐打开。在你失意的时候，就该试着想个方法让自己的心情改变。

063. 聪明的人乐于吃亏

在人生的历程中，吃亏和受益是一种互为存在、互为结果的东西。一个人不能事事只想着受益，有些事情当时即使真的受益了，最终导致的结果仍有可能是吃亏。我们更不能时时怕吃亏，有些事情当时可能是吃亏了，但事后仍有可能会出现一个受益的结果。天地轮回，平衡是一个永恒的主题。无论哪一个人，无论哪一件事，没有永远的受益，也没有永远的吃亏。

"吃亏"，虽然意味着舍弃与牺牲，但也不失为一种胸怀，一种品质，一种风度。况且，一个人如若不择手段的攫取钱财，追名逐利，他在失去了做人的从容的同时，也必将失去自己的人格与尊严。贪心的人，总是费尽心思去算计别人，在其热情仗义与关切的伪装背后，更多的是肆无忌惮地对别人的进攻与伤害。不怕吃亏的人，总是把别人往好处想，在其天真、迂腐、软弱的背后，是一个豁达、淡泊、宽容的不设防的世界。

一般的人不愿意吃亏，聪明的人甘于吃亏，比聪明人更聪明的人乐于吃亏。把“吃亏”当做一种福气，是一个人思想的最高境界。能修炼到这样一种境界，也是人生趋向完美的过程。这种伟大的境界并不仅仅表现在轰轰烈烈的事情上，很多情况下，日常的、平凡的、琐碎的小事，更能体现出这种伟大品格的存在。

人生感悟

乐于吃亏是一种境界，是一种自律和大度。李嘉诚曾说：“有时看似是一件很吃亏的事，往往会变成非常有利的事。”

064. 适当的距离才会产生美

审美距离是一条重要的审美原理。德国著名的黑格尔派美学家费歇尔说：“我们只有隔着一定的距离才能看到美，距离本身能够美化一切。”莎士比亚有句名言：“最甜的蜜糖，可以使味觉麻木，不太热烈的爱情才能维持久远。”就物理距离而言，我国有“小别胜新婚”之说。的确如此，水饺再好吃，上顿接下顿地连着吃，总有一天会吃腻。

一对夫妻，天天厮守在一起，重复着同一套生活模式，难免不生厌倦乏味的感觉。正如俄国杰出的哲学家赫尔岑所说：“人们在一起生活太密切，彼此之间太亲近，看得太仔细、太露骨，就会不知不觉地，一瓣一瓣地摘去那些用诗歌和娇媚拥着个性所组成的花环上的所有花朵。”适当的分别，则有利于保持夫妻间的神秘感和新鲜感。美国、日本的社会调查表明，每周见一次面的夫妻感情最好，关系最稳定。就是夫妻一直在一起的，有的也开始提倡夫妻分床睡觉，既有利于休息，又会使夫妻双方保持各自魅力，让相互的爱情在若即若离、不冷不热中久远维持。

诚然，这里所说的距离必须是有限的，适当的。正如某作家所说：“有距离才有吸引。但是，千万不要太远。当我痛苦或迷惘时，不要让我牵不到你的手。”同时，保持距离感绝不是设置心灵上的屏障或戒备防线，也就是说，物理距离也罢，心理距离也罢，绝不是感情距离。

人生感悟

距离的魔力，不可想象。触物伤怀之情，海市蜃楼之景，未来梦想之境都源于距离，懂得了这一道理，便能更多地享受生活的美好。

065. 别让机缘与你擦肩而过

很多人共同存在的一个问题，就是对工作挑三拣四，一直梦想寻找完美的工作或雇主。

许多人过分强调工作应当能让他们有更多的成就、假期与薪酬。这对于已经把工作做得相当好的人而言，要求并不过分；但对于那些刚刚参加工作的人来说，似乎标准过高。

你至少要先起步，才能到达高峰。一旦起步，继续前进便不太困难。工作越是有困难越要立刻去做。你等得越久，困难就会越多，越可怕，有点儿像第一次学切菜。你越是怕剁到手，越是剁到手。

命运无常，在我们的一生中，许多人都有良机佳遇，但总是一瞬即逝。我们当时不把它抓住，以后就会永远失掉了。

习惯之中足以误人误事的莫过于“拖延”二字，世间有许多人都是为此种习惯所累而陷入困境。你应该极力避免拖延的习惯，像避免一种罪恶的引诱一样。

假使对于某一件事，你发觉自己有拖延的倾向，就应该立刻动手去做，不管那事怎样困难，不要畏难，不要偷安，这样久而久之，你自能改变那拖延的倾向。

那种活得过于细致的人，他们往往借口条件还不具备，不肯轻举妄动，因而坐失了很多良机。也许你听过这个笑话：“昨天晚上，机会来敲我的门，当我赶忙关上报警器，打开保险锁，拉开防盗门的时候，它已经走了。”如果你不想错过良机的话，请你有所改变！

人生感悟

拖延会让人走入深渊，拖延时间的人往往一事无成，这样的生活状态不但人使人厌倦，而且还会使你失去很多做大事的机会。

066. 诸般烦恼，皆因“想不开”

在禅家看来，世间的事物，对就是对，错就是错，没有必要非得钻牛角尖，自寻烦恼。心宽是福，想不开就是苦。作家林清玄曾经说过："想要开始不平凡的自性，唯有从平常的禅心入手。"真正懂得修行的人，无处不是禅，无处不是佛，无处不是宁静祥和。把心放宽一点，人生应该少一点顾虑，多一点希望；少一句牢骚，多一点勇气；少一点憎恶，多一分热爱。

想开的人，处处是生机；想不开的人，处处是烦恼。一个心如明镜的人，镜前的万物都能看得清清楚楚；而一旦用心去思量、祈愿、攀缘，那么这面明镜就会蒙上尘土，就会看不见万物的形象。事实上，让你走出烦恼远离痛苦的方法只有一个：给心情放假，为自己寻一块供心灵休憩的驿站。

其实，身心不得安在，是人生烦恼的根源。真正的净土不在外界，而在我们心间。人的内心就像一颗明珠。如果能天天反观自照，天天能释放，清扫，我们的心灵会绽放光明的。对那些幸福、美好、快乐的往事要常常回忆，以便在心中泛起层层涟漪，激发人们去开拓未来；而对那些不愉快的事情，诸多的烦恼则尽量要从头脑中抹掉，切不可想不开，让阴影笼罩心头，而失去前进的动力。

人生感悟

当我们心情糟糕的时候，不妨换个角度看问题、换个环境理清头绪，心境好了，自然能够顺风顺水，把事情处理得妥妥当当。人活得太较真是一种悲剧，生活中总是有一些人心胸不够开阔，一点点小事就足以让他们心烦意乱。很多时候，我们不妨睁一只眼闭一只眼做人。

067. 世事无大碍，何须论长短

也许你并不是一个脾气暴躁的人，但这并不代表你永远都不会发脾气。在这大千世界中，谁也难免莫名其妙就会飞来麻烦，公交车上被他人踩到脚趾，打租车时一不留意遗落了随身携带的遮阳伞……总有些难以避免的小麻烦，倘若我们非要把这些事上纲上线，搞清楚搞明白并为自己讨回公道的话，那么，原本简单的生活顿时就会变得复杂不堪，如此一来，又怎能轻松快乐？

在现实生活中，几乎每个人的身边总是会有这样一类人，他们可能是自己的老朋友，也可能是邻居或者老同学。他们十分擅长勾起你的怒火，甚至会故意添油加醋诋毁你，于是，为了报复，为了找回面子，我们开始污蔑对方，开始越来越明显的厌恶讨厌对方，然而这样真能解决问题吗？

实际上，问题不仅没有解决，反而变得越来越棘手，因为别人无心的提起某个成功的同学或者朋友时，我们便会感到对方在侮辱自己，并主观的以为对方否认自己的能力。结果就是，在越来越无法忍受对方的同时，我们也越来越讨厌自己。其实，他们只是在陈述事实而已，并没有针对任何人。不管是自己的主观猜测，还是被人误会、教训，这些都无伤大雅，往往越是把这些小事当事，烦恼也会随之放大，反之当我们认为事事无大碍时，一切反而会回归美好。

鸡毛蒜皮的小事根本不值得计较，然而世间又有多少人的眼睛里能够容得下沙子？于是，哪怕是无关紧要的小事，也要争出一个长短胜负来，然而这样做又有什么意义呢？不仅扰了自己的一心清净，更是连他人也得罪了。所以人生在世，不必事事要论长短，凡事没有什么大不了，保持中庸的处世态度才能存心养性，轻松快乐一生。

068. 人生最大的悲剧不是失去，而是没有好好把握当下

风过竹林，风去而竹不留声，雁过寒潭，雁去而潭不留影。前尘往事不过是虚无缥缈的云烟，早已随时间的风而远去，又何必因为挂念而无故蹉跎呢？世态炎凉，人间冷暖，没人逃脱得掉，既然无法避免，那么就要学会安然面对，泰然处之。不因过去而悔恨，不因未来而忧虑，一切随缘随意，这才是佛的真谛。

君子事来而心始现，事去而心随空。如果不愿意抹去昨天的印记，那么心也必定沉浸在昨日的苦痛之中，唯有学会忘记，才能清除心灵的垃圾。佛家常讲，生死有命，富贵在天，世界上有很多东西，并不是足够努力就能够得到的，哪怕是费尽心机，花尽一生的力气，也难免事不遂人意，即便能够勉强获得，又能拥有多久呢？时光荏苒，走向坟墓是谁都逃避不了的结局，与其为将来而庸庸碌碌，不如好好把握现在。

电影《大话西游》中有一段为人所熟知的经典台词，“曾经有一份真挚的感情放在我面前，我没有珍惜。等我失去的时候才后悔莫及，人世间最痛苦的事莫过于此。”是啊，人生最大的悲剧往往不是失去，而是没有好好把握当下。人生没有草稿，也没有后悔药，一旦留下了遗憾，便只能抱憾终生，与其等到日后后悔，不如现在就开始把握当下，珍惜眼前人。

人生感悟

人们似乎都在慨叹生命的短暂。然而，明明知道人生苦短，为什么还要为已经过去的事耿耿于怀，为什么因即将到来的事情而惴惴不安？殊不知，在回顾过去和展望未来的过程中，宝贵的时间早已匆匆流走。人生最大的悲剧不是失去，而是在失去的苦痛中荒废了当下。

069. 群处时守住嘴，独处时守住心

生活在世，谁都难免会遇到挫折和麻烦，所谓人生不如意事十之八九，当这些不顺心和不如意之事摆在我们面前时，苦恼纠结是没有用的，关键在于怎样才能处理好这些事情，怎样让自己度过心灵的劫难。人们常说，沉默是金，尽管这是一句极其朴素的语言，但其中所蕴含的道理却耐人寻味。这里所说的沉默，并非是沉默不语，而是少说话，说该说之话，先思考再说话。

苏联作曲家谢尔盖维奇曾经说过：懦弱愚蠢的人才好激动和大吵大嚷，聪明强干的人什么时候都应保持自己的尊严。不少人眼里容不得沙子，哪怕遇到一点不顺心，也不愿意保持沉默，非要将人驳斥得体无完肤才肯罢休，然而这种做法一点也不明智，贪图一时的口舌之

快，并不能让对方心服口服。为什么非要说让大家都不愉快呢？为什么要与人抬杠争论？无论身处何时何地，我们都应该尽量避免和他人正面冲突。因为天底下只有一种能在争论中获胜的方式，那就是避免争论。

“如果你老是抬杠、反驳，也许偶尔能获胜，但那只是空洞的胜利，因为你永远得不到对方的好感。”本杰明·富兰克林所说的这句话看似浅显，但却蕴含着深刻的人生道理，夜深人静的时候，不妨独自好好看看自己的心，想一想自己是想要表面上的胜利，还是想赢得对方的好感？唯有在独处时，守住自己的心，清楚地知道自己想要什么，才能在群处时管住自己的嘴巴，知道什么该说，什么不能说，只有这样才能在社交活动中游刃有余。

人生感悟

善恶不过是在一念之间，所以群处时当守口如瓶，独处时则要安然守心，唯有做到了这两点，才能在天地之间做坦坦荡荡的君子，远离尘世的喧嚣和纷争。

070. 在希望中穿越人生的沧桑

有一句话是这样说的：“假如上帝在你面前摆下一座山，那么你千万不要在山脚下哭泣，怀着希望翻过它就是了！”多么富有哲理的话呀！我们确实要用希望来武装自己，勇敢地去翻越面前那一座座生活的险峰。人生不能没有希望，所有的人都生活在希望之中。假如真的有人生活在绝望之中，那么他只能是个失败者。这样的人遇到挫折便悲观失望，失去活下去的勇气；或抱怨他人，一味唉声叹气、牢骚满腹。

其实，只要不失去希望，你就能打开金光大道。没有什么比希望更能改变我们的处境。当我们面对失败的时候，当我们遭遇重大灾难的时候，我们都应该满怀希望。希望会使我们淡忘眼下的痛苦，给自己的人生插下重飞的翅膀。

涌出地面的蝉，停留在树枝上，心情愉快地歌唱着生命的喜悦。但残酷的就是它们在地下生活了那么长时间，而在地上只能存活短短的两个星期。如果有一些蝉因此而烦恼，而痛苦，它们会怎样？一生一眨眼便结束了……两个星期的地面生活，对蝉来说是一件不得了的大事，而其他的苦闷与之相比又算什么呢？

蝉的一生是短短的两个星期，而人生也不过是百年，人与蝉都处于同样的境地，都不过是不可预测的生命而已。正因为如此，我们才应该更加珍爱生命，开开心心地生活。

世间有诸多困境：贫穷、疾病、失败等等，不胜枚举。一个人在苦难中挣扎时，往往会将其夸大，从而认为全世界就自己是个倒霉鬼，就自己一直不顺心。但是，和你处于同等境况并且挣扎在痛苦中的人，并不止你一个。

一位残疾儿童的母亲说：“在出席残疾儿童大会之前，我一直认为世间就我一个人背负着这样沉重的不幸。但是，参加会议时，询问其他人后才知道别人所承受着的痛苦也许更大。我曾经想过和孩子一起死掉算了。现在想起来，真是太惭愧了！”

你也许是不幸的，但你也许还算是幸运的人。因为，你毕竟还拥有很多东西，毕竟还拥有最为宝贵的生命。

如果你能这样想，那么你永远都能看到希望，能够摆脱困境。

人生感悟

人如果失去希望，就像鸟儿失去了翅膀不能遨游天空；如果失去希望，就像鱼儿离开了水，不能继续生存；如果失去希望，就像花儿没有了芳香，不能招蜂引蝶；如果失去希望，就像火车离开了轨道，不能继续前行……即使活得再苦再累，也不要忘记还有“希望”！

071. 爱是一切的答案

一个人无论做什么事，在什么情况下都要有一种博爱之心，正如冰心所说：“有了爱就有了一切。”的确是这样，在人的一生中，只要你拥有了“爱”。不管是“给予”还是“接受”，都是一种心灵的享受。

人要有博爱之心，热爱自然，热爱动物，热爱世间的万物。在我们生存的这个世界上，如果要问什么是真正具有永恒价值的东西，可以毫无疑义地说，第一就是人心中蕴藏着的爱。用爱去面对生活，用心去面对自然，那简直太美妙了。

真正的幸福之源就在我们自身，对于一个善于理解幸福的人，旁人无论如何也不能使他真正潦倒。

人生的快乐和幸福是无价之宝，它不在财富的多少，而在于心灵的诚实、智慧的丰硕。

曾经有人做过研究，要找出最幸福的人。研究人员通过电话进行调查，最后终于找到一个幸福满意度最高的人。

当研究人员深入了解这个人的背景资料时，他们不敢相信这个人竟然会觉得自己的人生如此幸福。一个离过婚，单亲抚养两个小孩，做服务生工作，居住在简陋的出租屋里的中年女性。

可是，换句话说，谁能够主宰她对于幸福的感觉？谁又能说这样的人一定不幸福？

也有拥有幸福的所有条件，但总感觉不幸福的人。因此，可以得出结论：幸福与不幸不是别人的问题，而是存在于自己心中的一种感觉。

人生感悟

"爱"是一个最温暖的字眼。有了爱，就有了快乐、幸福，就有了精神上最宝贵的财富。

072. 想得开是天堂，想不开是地狱

我们每个人的生活和工作都会面临着一些困难甚至是不幸，如落榜、失恋、求职不成、意见分歧、被人误解、家庭不和、婚姻危机等等。在这些难题的困扰之下，许多人往往烦恼不已、焦虑不安，严重的还会精神崩溃。

很多人之所以不能选择控制自己的感情，而是被不良的情绪所支配和影响，最重要的原因就是人们常说的"想不开"。他们总是想：为什么自己会这么倒霉呢？为什么这些倒霉的事会偏偏让我遇上呢？为什么老天爷对我这么不公平呢？……如此"想不开"就把压力大大地加重了。

毫无疑问，世界上有许多美好的令人愉快的事情，也有许多糟糕

的令人烦恼的事情，却没有一种神奇的力量能把好坏不同的境遇完全合理地搭配、绝对平均地分给每个人。这样一想，我们就会发现：倒霉的事情是必然存在的，它是生活的一部分，而不是老天专门在和我们作对。某人的近十年未见面的同学突然有了消息，他当然要前去看望。不料出门时不注意，一头撞到玻璃门上，血流满面。

在去往医院的路上，他心情很糟，琢磨着是不是老天成心跟自己过不去。想想这几天怎么这么倒霉：前天妻子将手机等两千元的东西丢失了；昨天小孩儿后脑勺被窗台撞出大包；而自己偏偏在老同学相聚之日撞破额头。就在向大夫陈述病情时，他还在抱怨这些乱七八糟的事情。医生竟然不动声色地说："你算幸运的了。我大学的一位同学也是撞在玻璃门上，却撞死了！"

仔细一想，医生讲得也有道理，他觉得自己还真有些幸运：眼镜没撞破；而且撞的部位如果稍稍再往下一点儿，不只眼镜保不住，心灵的窗户说不定也有麻烦。

真是奇怪，缝完针回家的路上，他的心情好多了。以后心情烦躁时，如果摸摸额上的伤疤能平静下来——这不也算是幸事吗？

人的心理就是这么奇妙，经过一定的心理转变，"想得开"了，苦恼的事也会感到"幸运"，压抑的心理会变得明快。原来，我们的生活并非一无是处，还可以"过得去"。

当然，也有令人痛心的"想不开"的事情。据报道，有一个研究生因失恋而自杀。或许，他并非只因失恋这件事而自杀，而是因为在心理上把这件事的意义扩大了，所以他宁愿结束自己的生命。

"想得开是天堂，想不开是地狱。"很多人之所以不能选择控制自己的感情，而是被不良的情绪所支配和影响，最重要的原因就是人们常说的"想不开"。

人生感悟

人需要有个好心情，就得想开一些，我们的生活并不是一无是处，总是可以过去的，所以想得开是天堂，想不开就是地狱。天堂与地狱在一线之间，想得开与想不开在一念之间。

073. 瓜不能强扭，爱不能强求

有句俗话说，强扭的瓜不甜。其实强求的爱也不会有甜蜜的结果。

在不同的环境中，人类的情感是不同的，我们今天所爱的，往往是我们明天所恨的；我们今天追求的，往往是我们明天所逃避的；我们今天所企盼的，往往是我们明天所害怕的。因此，对某些不能把握的东西，我们应该果断地放手。

生命中为什么不能抛开和牺牲一些东西，而去获得另一些永恒呢？

如果我们放弃的和想得到的都是好东西，那怎么办？那是因为我们太贪心。真的是这样，我们本质是贪心的，贪心常常蒙蔽真心。世界上不会有那么好的事，我们往往只能在某一时刻选择一样东西。

有一句老话，“有所得必有所失”，也许这样才符合能量守恒的道理。

其实，在生活中当你选择留给对方一个不再回头的背影，并不代表自己不想和对方永远缠绵拥抱；选择退出一个和对方厮守到老的结局，也不代表心里不想和对方一起实现这个梦想。

人类的美好情感是全人类共享的生活资源，它是取之不尽，用之不竭的神奇资源。

苦难的生活磨炼净化了人的心灵，使情感得以升华，也使你真正懂得了痛苦和幸福的意义。经过痛苦的体验，才体验到解除痛苦的欢乐和幸福。

人生感悟

做任何事都不可能是十全十美的，何况是人类最最复杂的情感呢？在情感上要该放手时就放手。

074. 不要依赖任何人，他会成为你的习惯

世人常常执着于某人或某物，甚至会生出浓浓的依赖之情。实际上，这不过是长此以往的习惯罢了，殊不知，这种习惯也是痛苦的根源。万物的本性早已决定，除了自己谁都不是绝对可靠的。

小时候，我们依赖家人而成长，所以失去亲人时会号啕大哭，痛苦不已。长大后，绝大多数人都会步入婚姻殿堂，于是，开始依赖伴侣，而且天真地以为伴侣会陪伴着我们上天堂下地狱，无所不能及，然而当生离死别摆在面前时，一切海誓山盟都显得那般脆弱。独活于世的人在思恋中苦苦煎熬，而死者却无法知晓。太过依赖伴侣，哪怕阴阳两隔也放不下，于是只能在风烛残年中郁结揪心。

所以，无论如何都不要轻易去依赖一个人，不管这个人是我们的父母还是爱人，抑或是朋友，因为一旦依赖便会成为一种习惯，当把对方当成精神支柱时，一旦失去，那么不仅仅是离别那样简单，而是

整个精神世界的崩塌，这对于一个人的打击是毁灭性的，一旦没有了精神上的支撑，我们便只能行尸走肉般地活着，所以，不如学会独立，只有做到了精神独立才能在人生路上行走的更为坦然。

人生感悟

俗话说，靠山山倒，靠水水干，靠人人跑，世界上没有什么是能够绝对靠得住的，所以不要依赖任何人。

075. 万物自有定数，遇事不可强求而行

人生的真谛在于平淡的生活之中，心灵当似高山不动，不能如流水不安，世间万物都有自己的运行规律，聚散有时，明灭有度，身为凡人的我们根本无法看透其中的玄机。既然如此，为何还要苦苦思虑，为何还要种种揣测？殊不知这不仅不能改变什么，反而是给自己徒增烦恼罢了。凡事都不可强求，也强求不来，一味地强求只是自己跟自己过不去，所以不如索性放开，让一切随缘！

绝对大多数人只看到了世间的繁华，于是被华丽的外表所蒙骗，实际上繁华落定后的平淡才是生活中的真实之美。洗尽铅华后的从容才是人生的真智慧，正所谓，人生何处不相逢，笑也从容，哭也从容。年少的时候，谁没有一腔的凌云壮志，然而能够成为英雄的人却是屈指可数，既然不能指点江山，那么何苦要给自己加上种种负累呢？

只会用加法计算人生的人，注定生活在种种苦恼之中，生命只有一次，不能更改，更不能重来，左右不过是一次灵魂旅行，与其终日

被外物所累，反倒不如用减法计算人生，抛弃强求的执念，抛弃对繁华人生的执着追求，我们完全能够在平淡中活得有声有色，不会因为现实与梦想的矛盾，而整日生活在愁苦之中。让一切都随缘吧，减去了一切的阻碍与烦恼之后，不难发现生活从来都是一方心灵净土。

不管是什么事，往往越是强求，越是会庸庸碌碌而陷入痛苦之中。世界上的诱惑太多，金钱、名利、权贵……然而这些最终不过是生命的附属物，如果生命本身了无生趣，那么即便拥有再多的金钱又有什么意义呢？所以，不要太过强求这些身外之物。生死有命，富贵在天，有些东西注定是水中月，镜中花，无论我们怎样执着追求都无法拥有，而那些注定属于我们的，即便没有刻意的追求，只要时机一到，还是能够轻松拥有。世间万物都是有定数的，所以何苦强求？

人生感悟

凡事尽力而为就好，有些事过于执着反倒会适得其反。也许每个人所追求的目标不同，但过于强求很难结出善缘。不管是情缘、财缘，还是官缘，都是冥冥之中注定的，与其可悲的执着于错误，不如早点大彻大悟。没了执着心，自然也就不会有忧虑，更不会因为今日的执着，而种下日后悔恨的种子。

076. 人生无常，心安即是归处

“万物皆无常，有生即有灭。”是啊，即便人因思想而高贵，也终究抵不过生死轮回的宿命。此时花开，就注定了会有彼时的花落，人生又何尝不是如此？得意之时往往早已埋下了日后祸患的种子，种因得果，世间之事，莫不一是。得也好，失也罢，富也好，祸也罢，既然注定不能躲过，那么何苦整日担惊受怕，反倒不如一笑而过，不埋怨，不抱怨、不自暴自弃。做到了心淡如水和虚怀若谷，自然也就没了喜怒哀乐的纠结。

一个鲜活的生命可能瞬间陨落，连生死都这般无常，更何况是福祸。除了生命本身，所有的一切不过是生不带来，死不带去，所谓的福祸不过是表象而已，如果执着于一时的好坏得失，那么自然会被身外之物困扰，又哪能看透生命的纹理？祸福只是世间常态而已，得意时不需欣喜若狂，失意时也不必怨声载道，只要我们用一颗佛陀的空悲之心来面对这一切，很容易发现这一切不过是空空如也。

祸兮福之所倚，福兮祸之所伏，机遇中很可能暗藏杀机，逆境中也不乏千载难逢的机遇。道理虽然简单，但又有多少人能够面对得失不喜不悲呢？在现实社会中，多少人因为升职加薪而沾沾自喜，又有多少人因为事业遭遇瓶颈而苦闷不堪？祸起萧墙后的苦苦挣扎，否极泰来后的喜极而泣，这些都是人性的脆弱，烦恼的根源。所以，何不保持一种淡然的心态，闲看庭前花开花落，坐观天边云卷云舒。

人生感悟

人生处处都充满了变数，每个人在上帝面前都是那般渺小，面对这种沧海桑田的巨变，谁都无能为力，既然不能掌控，更不能预知福祸，那么不如保持一种淡然的心态，积极面对眼前所发生的一切，只有这样才会少点烦恼，多点幸福。

077. 苦不是人生的全部，但没有苦就不是人生

胜者为意苦，劣者从生身，即由此二苦，日日坏世间。在佛家眼中，苦乃是人生中必不可少的一味，没有苦也就不是人生了。人类的痛苦分为两类，身苦与意苦，上等的人要承受心理上的痛苦，如竞争压力，“高处不胜寒”的孤独以及接踵而来的精神苦恼等；小人物也有痛苦，缺衣少食是苦，高强度的劳动是苦，微薄的收入也是苦。人生原本就不圆满，唯有在苦中顿悟大道，才能找到通往快乐的阶梯。

说到人生中的苦处，想必每个人都有一大箩筐的苦涩可以倾诉。但苦并非让人消极，更不是让人们像祥林嫂一样去四处传播自己的苦，而是明白苦的真正根源，从而学会如何化苦为甜。生活中有不少人，一旦遇到苦难便觉着人生毫无意义，更有甚者直接悲观厌世，于是只能苦上加苦，越发失去了生的信念。生活就是一面镜子，你对它笑，它才会对你笑，你对它哭，那么，我们看到的也只能是一张沮丧的脸。所以，不要因为尝到一点苦头就否定快乐，否定人生。

仔细想一想，人生还有很多快乐的事情，世间正是因为有苦，所以才会有甜。疾病缠身纵然痛苦，但恢复健康难道不是一件值得开心的事情吗？整天被债务搞得焦头烂额，但有吃有喝不应该感到满足吗？合家团圆、经济富裕、旧友相逢、事业又上了一个新台阶，这些都是难得的快乐事。谁都会遇到不如意的事，倘若一点不如意便给人生扣上苦的帽子，那么就是心存偏见了。

有苦才有乐，有悲才有喜，以这种变化的眼光来看，所有人都不会永远痛苦下去，也不会永久的快乐幸福，我们都是普通人而不是造

物主，面对即来的苦与乐，既没办法避过苦难，也没办法延长快乐，所以唯一能做的就是当痛苦来临时，坦然面对，当痛苦过去了，那么就要学会遗忘。唯有那些快乐和甜蜜的事才是值得我们铭记的生命宝石。

人生感悟

乐观的面对苦难，我们就会发现，其实一切都没有那么糟糕，多想想曾经的快乐回忆，阳光照进来了，心中的阴霾自然会消散殆尽。有苦才是人生，但苦不是人生的全部，追求幸福才是生命的终极意义。

078. 人生不如意，十有八九

忧愁是一生，快乐也是一生；想不开是一生，想得开也是一生。在佛家看来，人生皆有如意时，但不如意时却常常是十之八九，既然总是会遇上这些不开心的事，左边是不顺心，右边是开怀一笑，何苦非要钻牛角尖，因为不如意之事而耿耿于怀呢？人世最大的悲哀莫过于爱莫能助，倘若你一直执着，不愿意坦然面对不如意的人生，那么即便是佛祖显灵也依然无法度化你。

逢年过节，我们都会给亲人、爱人以及朋友等送上“万事如意”的祝福，虽然仅仅是四个字，但却是凝结了人世间最美好，最深切的愿望。正是因为在现实生活中谁都不可能事事顺心，所以才会衍生出如此美好的愿望和祝福。但愿望终究是愿望，即便有了这些发自真心的祝福，生活之路依旧不会改变自己的曲折和坎坷。

也许每个人都有自己的命运，但在这漫漫人生路上，谁都免不了与忧愁伤痛相伴，当原本的幸福在现实面前支离破碎，当经济的拮据已经演变成苦难的主题，当深深的爱恋被原封送回，不如意之事常常有。假如生活欺骗了你，不要悲观不要失望，只要我们相信未来，前边就是一路阳光。每个人都应该像著名诗人食指一样，对生活充满希望，哪怕是蜘蛛网无情地查封了我的炉台，哪怕是灰烬的余烟叹息着贫穷的悲哀，我们依然应该固执地铺平失望的灰烬，用乐观写下“坦然对待”。

人生感悟

人生不如意之事本来就是十有八九，一味地抱怨是没有任何积极作用的。学习上、工作上以及家庭上、人际关系中等，不管是在哪一方面不如意都会深深影响我们的生活质量，既然唉声叹气的抱怨是没有用的，那么，不如坚强的面对接踵而来的麻烦，笑对人生，绕过烦恼也饶恕自己。

079. 一切苦乐，都是心在作怪

佛经上说，人生有八种苦难：生、老、病、死、怨憎会、爱别离、求不得和五阴过盛苦。

这里所说的八种苦难，其实只是人生要经历的八种社会形态，之所以给它加上一个“苦难”，是因为人们给它们增加一定的感情色彩，把自己的感情融入其中了。归根结底，苦难的根源在于心境。与其在苦难中挣扎不如在苦难中重生，摆脱苦难进而进入快乐的天堂。

随着经济的快速发展以及物质生活的极大丰富，不少人都过上了富足的生活，然而这并不代表着人们的幸福感也随之上升了。如今，不少有钱人，虽然住的是豪华别墅，开得也是豪华跑车，但夜深人静之时却常常失眠，即便是依靠药物强行入睡也依然难以缓解精神上的疲惫。看看那些位居高位之人，尽管在别人眼中荣华无限，但眼眸里却也是掩盖不住的疲惫之色。实际上，苦乐与物质条件并没有太大关系，巨额的财富带不来快乐，再高的权势也无法给生活增添快乐因子。

平和的心态，即使身陷困苦之中也能自得其乐；如果内心早已被权势、金钱所蛊惑，那么注定只能在汹涌的波浪之中受尽苦楚，自然无法体味得到岸上平静生活中的快乐。人生中的一切苦乐都是心在作怪，守住自己的心那么就守住了快乐，遗失了自己的内心，那么快乐与幸福就好比是“青鸟”，寻寻觅觅依旧难以找到它的影子。对于我们普通人来说，要想拥有快乐的生活，就一定要学会修心，学会调节自己的心态。

人生感悟

生活中敢于和逆境较量是一种勇气，勇于追求快乐是一种积极的生活态度。万事切莫太较真，不要自我折磨，只有亲近快乐而远离痛苦，生活才会更美好。

080. 要成功就不要给自己找借口

不找任何借口的做法，看似冷漠、缺乏人情味，但它却可以激发一个人最大的潜能。无论你是谁，无须任何借口，失败了也罢，做错了也罢，再妙的借口对于事情本身也没有丝毫用处。

要成功，就不要给自己寻找借口，不要抱怨外在的一些条件，当我们抱怨的时候，实际上是在为自己找借口。而找借口的唯一好处就是安慰自己：我做不到是有原因的。但这种安慰是致命的，它暗示自己：我克服不了这个客观条件造成的困难。在这种心理暗示的引导下，就不再思考克服困难、完成任务的方法，哪怕是只要改变一下角度就可以轻易达到目的。

对于企业来说，这更是应该始终坚守的理念。企业需要没有借口的员工。有多少人把宝贵的时间和精力放在了如何寻找一个合适的借口上，而忘记了自己的职责和责任！寻找借口只是把属于自己的过失掩饰掉，把自己应该承担的责任转嫁给社会或他人。这样的人，在企业里不会成为称职的员工，也不是企业可以期待和信任的员工；在社会上不是大家可信赖和尊重的人。这样的人，注定只能是一事无成的失败者。

风事找借口是人性中一个很致命的弱点，一旦让找借口成为生活的习惯，你的工作就会拖沓，没有效率。抛弃找借口的习惯，你就不会为工作中出现的问题而沮丧，甚至你可以在工作中学会大量解决问题的技巧，这样借口就会离你越来越远，而成功会离你越来越近。

人生感悟

世界上最愚蠢的事情就是寻找借口推卸责任。在生活中寻找各种各样的借口来为发生的问题开脱，并且养成了习惯，其实很危险。

081. 生命只是一场体验，没有谁是谁的永远

每一个人都拥有平等的生命。但并非每个人都懂得生命，乃至于珍惜生命。不了解生命的人，生命对他来说，是一种惩罚。生命是生活的一种经历，懂得珍惜生命的人，会在任何环境中爱护自己，了解生命的人，会在任何环境中解脱自我，生命需要被每一个人来珍惜，这样我们才能在生命中体会到真正的价值。

其实社会上有很多人都不懂得珍惜生命，总感觉没有别人出身高贵，没有别人漂亮，没有别人聪明……以至于抱怨生活，自卑地活在别人的世界里，身心俱疲。人为什么不活在自己的世界里呢？外界的条件无论怎样的恶劣和不堪，活在自己的世界里，演绎自己的人生，找寻自己的快乐和幸福，只要心中有一盏点亮希望的灯，失望和绝望就会远离。何必还会抱怨生活。

比起一生都生活在黑暗中的安康鱼，我们人类显然更幸福得多。白天，太阳可以照亮我们，在阳光下玩耍；夜晚，月光可以温柔地照我们入眠。我们可以看到植物的美丽，可以品尝动物的美味，大自然就如同我们的乐园一般。生活中偶尔的一点瑕疵、一点压抑又能算得了什么？就连生活在黑暗沉寂一万一千米深海中的安康鱼都能用身上的光芒点亮它们的生活，我们人类又岂能让生命处于失望和绝望之中呢？

世间万物都有生命，所以注定会经历这场不能中场停止的体验之旅。树木的一生要经历成长，花儿的一生要经历绽放，鱼儿的一生要经历海中穿梭，鸟儿的一生要在经历自由的飞翔……人类呢？一样要

经历，经历成长，经历绽放，经历自由，经历快乐，同样还要经历磨难、经历逆境、经历低谷，直到生命的最终结束。生命只是一个过程，永远无法重复的过程，所以我们要珍惜过程中的每一种经历，积极的抑或是消极的，并努力把它们变为有意义。

人生感悟

人从出生到生命的结束，谁能说不是在演绎人生呢？在这场戏里，自己就是主角，决定着戏中每一段喜怒哀乐。你是一场戏，我也是一场戏，你有你的光彩夺目，我有我的平凡简单。但上帝是公平的，任何一种生活的表象背后都会藏有另一种意外。生命只不过是一场体验，谁都不会是谁的永远。

082. 在心中种上一棵忘忧草

生活是个万花筒，有时不免长出一棵忧郁、烦恼的花，破坏你的好心情，使你的生活黯然失色。此时，你不妨学着在心中种一棵“忘忧草”，让它帮你遮挡忧郁，给你的心灵带来芳香与快乐。“忘忧草”可以是一本秘密日记，可以是一次倾情诉说，可以是一曲高山流水，也可以是一次翩翩起舞……

当心情不好时，可以打开日记，把所有的忧郁、烦恼和不快都融入笔端，写入日记，这样一方面可以宣泄心中的不快，另一方面可以理清心绪，平静心情，有时还能“顿悟”和释然。你可以在日记中倾诉生活的烦恼，可以“痛骂”给你带来不快的上司，可以“诉说”失恋给你带来的伤痛。总之，一切的不快乐都可以在日记中宣泄，而宣泄过后，肯定会有如释重负的感觉。

如果说写日记是向自己倾诉，那么写信或谈话便是向知音、朋友、师长等信任的人倾诉。可以从他们那里得到同情、理解和帮助。只要勇于打开心扉，朋友便会尽力帮你减轻心理负担的压力，为你分担坏心情。此外，在忧郁、烦闷时，你也可以痛哭一场，可以大吼几声，可以放声高唱或打球、跑步、洗澡。借此来忘掉忧愁，但任何宣泄方法都不可过分，更不能伤害到别人，应当适时、适度地宣泄。

心情不好时，可以听一段轻松愉快的音乐，让舒缓的旋律来抚慰那纷乱的心绪，让自己陶醉在音乐中，心绪自然会随着高山流水而欢呼雀跃；可以外出漫步散心，让优美的景色、新鲜的空气冲淡内心的不快与烦躁。这种转移情景法有利于帮你将坏心情淡化，让你时时沉浸在快乐中。你也可以暂时放下手头的活，离开令你伤心、烦恼的地方，去做一些感兴趣的事来转移你的注意力，忘掉烦恼和不快；也可以参加一些集体活动，在欢乐的气氛中摆脱痛苦的阴影。

生活中如果我们能以乐观的态度去对待一切，好心情就会常伴我们。生活中有人什么都不缺，就是不快乐；而有的人什么都不如别人，但他却整天乐呵呵的。他们的差别不在于拥有多少，而在于内心是否知足。其实谁都有痛苦的时候，但也有让人羡慕的地方，只不过可能自己还没有发现而已。

真正的“忘忧草”是不存在的，具有坚强的信念，才是一株永不凋落的“忘忧草”，让我们时时闻到它清新的香味，处处看到它鲜明的亮色。

人生感悟

只要知足，你就会拥有一棵“忘忧草”，就能经常拥有好心情。

083. 别在对别人的羡慕中迷失自我

从前有个富人，很有钱但身体不好；有个穷人，身体很好但很穷。两人相互羡慕着对方。富人想：只要我的身体有他那么好，我宁愿一辈子受穷；穷人想：只要能成为富翁，就算残废了也值得。

一天，一位仙人找到了他们，说："我可以替你们交换命运。富人，你会变穷，但能得到健康的身体；穷人，你会富有，但将病魔缠身。"两人很高兴地接受了仙人的建议。于是，穷汉成为富翁，富翁变成了穷汉。不久，成了穷汉的富翁由于有了强健的体魄，又有着成功的意识，渐渐地又积累了财富。可同时，他总是担忧着自己的健康，一感到不舒服便大惊小怪。由于他总是那样担惊受怕，久而久之，他的体质又变差了，他又回到了以前那种富有而体弱的状况中。

那么，另一位新富翁又怎样呢？他总算有了钱，但身体孱弱。然而，他总是忘不了自己是个穷汉，有着失败的意识。他不想用钱相应地建立一种新生活，而是不断地把钱浪费在无用的投资里。钱不久便挥霍殆尽，他又变成原来的穷汉。然而，由于他无忧无虑，当初带来的疾病也不知不觉地消失了。他又像以前那样有了一副健康的身子骨。最后，两人都回到了原来的状态。

其实，野草和玫瑰都是可爱的，没有必要互相羡慕。好好珍惜你所拥有的，就是幸福。

人生感悟

每个人都有自己的生活方式，有自己的机遇和成就。不要盲目地去羡慕别人，相信自己，做最好的自己！

084. 心灵解脱须靠己，因为己是囚心人

佛说："佛跟魔仅一线之差。"同样，自由与束缚同样也在人的一念之间。只要你的心是自由的，生活也会变得自由自在。在现实生活中，能束缚我们的不是任何客观的人与物，而是内心深处的贪嗔痴，是自己给自己套好的心灵枷锁。有些人醉心于名利，有些人太在乎别人的褒贬，有些人渴望得到他人的肯定。欲望如此之多，必然会患得患失，于是心被这些外物束缚地也就越来越紧。唯有淡泊名利，看淡得失，以平和的心去生活，心灵才能得到真正的解脱。

当一个人无法控制心魔时，往往你也就变成了魔鬼，最终走向自己设好的囚笼。然而现实生活中绝大多数人却根本意识不到这一点，我们以为捆住自己的是绳索，殊不知却是自己的心，唯有愿意释放自己，愿意主动走出囚室，我们才能走完劫难重重的人生，才能在世事的束缚下活得自由自在。能驯服野马的人，未必能驾驭自己，对于任何一个人来说，最大的敌人不是别人，而是自己，唯有懂得自我克制，才能战胜心中的牢笼，重获自由自在的心。

人们常说，"捉山中之贼易，捉心中之贼难。"外在的禁锢容易破除，心灵的囚室却是坚不可摧。不管我们从事怎样的职业，有着怎样的背景和过去，最重要的都是战胜自己，而不是向他人证明坚强。人

生犹如战场，不是东风压倒了西风，就是西风压倒了东风，唯有自己才是最可靠的武器，所以不管别人是否看得起自己，我们都不能看轻自己。唯有看得起自己的人，才有自信破除心中的牢笼，才能赢得心灵的最终解脱。

人生感悟

有时候，一个小小的决定和一个微妙的想法也能改变一个人的心态，心灵是否自由，关键看我们如何看待。有未必真得，无未必真失，有无随缘、得失在心。

085. 不要为难你自己

了解自己，做你自己，就不必勉强自己，不必掩饰自己。如此，就能少一些精神的束缚，多几分心灵的舒展；就能少一些不必要的烦恼，多几分人生的轻松。

一位登山爱好者有幸加入了攀登珠穆朗玛峰的活动。到了七千八百米的高度时，他体力支持不住了，便停了下来。当他讲起这段经历时，我们都替他惋惜：为什么不再坚持一下呢？再往上攀一点点，就能爬到顶峰了！

“不，我最清楚，七千八百米的海拔是我登山生涯的极限，我不会为此感到遗憾的。”他说。

他是明智的，他充分了解自己的能力，没有勉强自己，所以能够平安归来。

现代人都有一种通病，那就是不了解自己。我们往往在还没有衡量清楚自己的能力、兴趣之前，便一头栽在一个好高骛远的目标里，每天受着辛苦和疲惫的折磨。

人们总是喜欢将自己与别人比较，希望获得他人的掌声和赞美，博取别人的羡慕。为此，便将自己推向完美的边界，做什么事都要尽善尽美。久而久之，他们的生活就变成了负担和苦闷，而不是充实和享受了。

人贵在了解自己。根据自己的能力去做事，才有真正的喜悦。那时候，你不必刻意去要求自己，因为成功正一点点向你走来。别以为自己的步伐太小太慢，重要的是每一步都能踏得稳。

| 人生感悟 |

人贵在了解自己。根据自己的能力去做事，就能少一些精神的束缚，多几分心灵的舒展；就能少一些不必要的烦恼，多几分人生的轻松。

086. 放弃挑剔与苛求，人生才能喜悦自在

生活中总有许多人喜欢带着审视的目光去看待周围的人和事，也喜欢苛责自己，给自己很大的压力，甚至抱怨上天的不公平。越是带着这种心理生活，越感觉所有的人和事物都不顺眼，最终受伤害的只会是自己。

追求绝对的完美，一味苛责生活，只会离幸福越来越远，严重的话，你的整个未来也不会修得善果。因此，在自己的能力范围内追求优秀无可厚非，但非要完美无瑕就是自讨苦吃了。世界上没有绝对的

完美，懂得退而求其次才是真正的智者。得到与失去有时只是一线之差，关键要看以什么样的眼光去看待。得不到的东西不要强求，不做欲望的奴隶，生活的轻松自在最重要。懂得放弃挑剔与苛责，不吹毛求疵，生活自然会怡然自得。

对人对己要宽容，才能拥有比天空还辽阔的胸怀。每个人有完美的一面，自然也会有缺点，一味地盯着缺点看，只会放大缺点，让你更无法释怀。我们不妨这样安慰自己："有缺点才能衬托出优点，每个人都有缺点，对别人宽容也是对自己宽容。"心宽之人，必然会摒弃挑剔与苛责，因为他们知道，那是对自己的残忍。

我们无法改变别人，也无法改变一些事物，能改变的往往只有自己。不好的生活不是别人的过错，而在于我们的心态。无休止的挑剔与苛责只会增添更多烦恼，只能证明你是生活的弱者。聪明的人懂得好心境都是自己创造的，放下挑剔，放下苛责，还自己一份坦然，你会发现人生充满喜悦。

人生感悟

凡事不必强求，该来的总会来；凡事不必挑剔，过去就算了；凡事不要执着，该放开就放开。如此，才能明白人生的真谛，才能取舍有度，才能真正参悟人世间的幸福。万事随缘，必然心事明朗。

087. 人生的财富不仅仅是金钱

一对青年男女双双步入了婚姻的殿堂，甜蜜的爱情高潮过去之后，他们开始面对日益艰难的生计。妻子整天为缺少财富而忧郁不乐，他们需要很多很多的钱，一万，十万，最好有一百万。有了钱才能买房子，买家具家电，才能吃好的穿好的……可是他们的钱太少了，少得只够维持最基本的日常开支。

她的丈夫却是个很乐观的人。丈夫不断寻找机会开导妻子。

有一天，他们去医院看望一个朋友。朋友说，他的病是累出来的，常常为了挣钱不吃饭不睡觉。回到家里，丈夫就问妻子："下次如给你钱，但同时让你跟他一样躺在医院里，你要不要？"

妻子想了想，说："不要。"

过了几天，他们去郊外经过的路边有一幢漂亮的别墅。从别墅里走出来一对白发苍苍的老者。丈夫又问妻子："假如现在就让你住上这样的别墅，同时变得跟他们一样老，你愿意不愿意？"妻子不假思索地回答："我才不愿意呢。"

他们所在的城市破获了一起重大团伙抢劫案，这个团伙的主犯抢劫现钞超过一百万，被法院判处死刑。

罪犯押赴刑场的那一天，丈夫对妻子说："假如给你一百万，让你马上去死，你干不干？"

妻子生气了："你胡说什么呀？给我一座金山我也不干！"

丈夫笑了："这就对了。你看，我们原来是这么富有：我们拥有生命，拥有青春和健康，这些财富已经超过了一百万，我们还有靠劳动创造财富的双手，你还愁什么呢？"妻子把丈夫的话细细地品味了一番，也变得快乐起来。

人生感悟

人的财富不仅仅是金钱，还有生命、青春、健康、友情等等。如果只拥有金钱，而失去其他的一切，那么生活还有什么乐趣可言呢？珍惜你所拥有的，别为了金钱而失去了其他的财富。

088. 别为了别人的满意而丧失了自我

有一个士兵当上了军官，决定力争做到让所有的士兵对自己都满意。为了不让人觉得出风头，每当行军时，他总走在队伍的后面。结果他听到有个军官小声说：“你们看，他哪儿像一个军官，倒像一个放牧的。”他听后，便走在队伍的中间，别的军官又讥讽他说：“你们看，他哪儿像个军官，简直是一个十足的胆小鬼，躲到队伍的中间去了。”他一气之下走到了队伍的最前面，结果还是有人挖苦他说：“你们瞧，他带兵还没打过一次胜仗，就高傲地走在队伍的最前边，真不害臊!”他听后腿好像失去了控制，连路都不会走了。

不要以为这位军官的行为荒唐，事实上，我们很多人都会犯这类的错误——为了让所有的人都满意，结果失去了自我。比如，你觉得自己新买的衣服很时髦，颜色亮丽，但一个同事却说你很俗，结果你再也不敢穿那件自己千挑万选来的服装了；再比如，在与人相处中，你经常按别人的反应作出决定，而不是按照自己的意愿去做等等。这是不自信的表现，也是虚荣心在作祟，你已经成了上面故事中那位军官，丧失了按照自己意愿生活的能力。

林子大了，什么鸟都有，世界大了，自然也是什么人也有。有的人可能看不惯你的美貌，有的人可能嫉妒你有才，还有的人出于私利想贬低你抬高自己。对于诸如此类的不满意、挑剔、指责，你还介意吗？你又能如何规避得了呢？

做人做事不必面面俱到，因为你做不到让所有人都喜欢你，总有人会不满意你，令自己满意、一部分人满意就够了。只有真正松弛自己，才能从负重的身心滤出坦然和睿智。

|人生感悟|

超脱一些，别太在意他人，就不会太失意。只要你坚持自我，别人怎么想都影响不了你，但若你一味地在乎别人的想法或说法，就会失去自主权。

089. 安然一份放弃，固守一份超脱

懂得放弃，是拥有大智慧的体现。很多人认为只有用力握紧才能获得幸福，所以他们不敢轻易放弃，最终恐慌度日；超脱的人，不是不食人间烟火，而是面对得失都能泰然处之，处变不惊。懂得放弃是种睿智，固守超脱是种大气，人生在世，唯有用超脱的心去面对得失，才能减少本心的负累，才有快乐可言。

正如云门文偃所说："终日说事，未曾道着一字；终日着衣，未曾挂着一丝。"这是禅者的境界。一个人的心态往往都要靠自己来调节，如何看待得失也在一定程度上决定着一个人的心境。上天给谁的都不会太多，不要只盯着别人所得到的，忽略自身所拥有的。哪怕会失去，也要坦然面对，不要让心跟着得失沉浮，如此，方能幸福快乐。

超脱荣辱毁誉，才能解脱；放在是非得失，方能自在。人生就好比流水，有激越，必然会有舒缓；有高亢，必然也会有低沉。不论处在什么位置上，做到宠辱不惊才最重要。华丽、平凡、苦难、幸福，

是人生必有的环节，没人可以摆脱这些束缚，如果看不透，只会被命运牵着走。被动的生活自然不会快乐。

一生难免会遇到不如意，虽然没人愿意承担苦难，但却必须接受。面对不能改变的现实，我们只能调整自己的心态，去适应，去看淡，最后才能超越苦难。不要在过多的得失上花费工夫，我们虽然平凡，但依然可以成为生活的贤者。只要我们学会调整心态，懂得如何去放下，那么就是当之无愧的生活智者。

在生活中我们要学会调整自己的心态，不论得到和失去，都不要过分计较，让荣耀成为束缚你的枷锁。要相信，你放弃的、失去的，必然会在其他地方得到补偿，如此一来，还有什么不能放开呢？人生在世，时间并不长，如果将注意力全部放在计较得失上，只会内心焦虑，痛苦至极。

人生感悟

放远眼光，放开得失，把世俗的得失看得轻一些，才能让心变得澄澈，才能洒脱无羁的生活，才能享受岁月静好的安然岁月。

090. 人生不仅要学会承受，也要学会释怀

天有不测风云，人有旦夕祸福。在漫长的岁月里我们每一个人都会碰见一些不尽人意的事情——或大或小，或多或少，都会对心灵有一种撞击。无论是灾难还是困难，无论是身体上的还是精神上的都是人们所不愿面对的。然而我们又能如何呢？在能改变的时候努力去改变，在无法改变的时候何不带着“既来之则安之”的心态去面对和接

受，这才是最为明智的选择。

禅语中常说，人生不仅要学会承受，也要学会释怀。承受是一种忍耐，一种担当，一种宽容；而释怀则是一种心态，一种态度。承受需要坚强的意志，高度的责任感和宽广的胸怀；释怀却需要淡然的心态和勇于放下的态度。内心的强大使我们学会了承受，内心的空灵使我们懂得了释怀。承受使我们强大，释怀使我们无敌。

如果说勇敢的面对生活中的种种灾难和困惑是一种生活的担当，那么放下生活中的压力和烦恼则是一种境界。在如今生活压力倍增的今天，我们需要给自己减压，而减压的最好方式就是心灵的疏导——承受和释怀。天下没有不能承受之痛，也没有无法释怀的烦恼。

凡能承受之人，世界充满了希望和未来；凡能释怀之人，世界便是一片净土。与其沉浸在悲痛中不能自拔，折磨自己，何不给自己一个美好的明天？

人非圣贤，每个人都脱离不了凡人的界限，谁也没有脱胎换骨之术，但我们的心可以变得强大。只要意志是强大的，那么，在不幸面前我们比灾难更强大，不幸便无法对我们造成伤害。“对必然之事，且轻快地加以承受。”这句话从耶稣基督出生前399年就流传开去了。在这个充满忧虑的世界，今天的我们比以往更需要这句话。

人生感悟

生活中有太多我们不想面对却又无法选择和改变的事情，没有人能有足够的情感和精力，既抗拒不可避免的事实，又能利用这些情感和精力去创造新生活。我们只能在这两者中间选择其一。

091. 无边的欲望会让生活更累

生活贵在平衡，每一个环节都很重要，不能稍有偏废。如果过分贪婪，把握不住必要的尺度，就很容易受到伤害。

从前有个特别爱财的国王，一天，他跟神说：“请教给我点金术，让我伸手所能摸到的都变成金子，我要使我的王宫到处都金碧辉煌。”

神说：“好吧。”

于是第二天，国王刚一起床，他伸手摸到的衣服就变成了金子，他高兴得不得了，然后他吃早餐，伸手摸到的牛奶也变成了金子，摸到的面包也变成了金子，他这时觉得有点不舒服了，因为他吃不成早餐，得饿肚子了。他每天上午都要去王宫里的大花园散步，当他走进花园时，他看到一朵红玫瑰开放得非常娇艳，情不自禁地上前抚摸了一下，玫瑰立刻也变成了金子，他感到有点遗憾。这一天里，他只要一伸手，所触摸的任何物品全部变成金子，后来，他越来越恐惧，吓得不敢伸手了，他已经饿了一天了。到了晚上，他最喜欢的小女儿来拜见他，他拼命地喊着不让女儿过来，可是天真活泼的女儿仍然像往常一样径直跑到父亲身边伸出双臂来拥抱他，结果女儿变成了一尊金像。

这时国王大哭起来，他再也不想要这个点金术了，他跑到神那里，跟神祈求：“神啊，请宽恕我吧，我再也不贪恋金子了，请把我心爱的女儿还给我吧！”

神说：“那好吧，你去河里把你的手洗干净。”

国王马上到河边拼命地搓洗双手，然后赶快跑去拥抱女儿，女儿变回了天真活泼的模样。

追求可以成为一种快乐，欲望却永远都只是生命沉重的负荷。

我们常常感到活得很累，其实只是因为我们所求的太多。我们总希望拥有的越多越好，爬得越高越好，不断地索取，心灵自然无法得到休息。

人要生存，必须有物质作基础，但物质的索取必须有一个度。物质可以无限制地增加，但是你却未必都能享受，家有万贯，别人每餐吃一碗，你未必能吃十碗，别人晚上躺一张床，你未必能躺十张床。

所以，让自己活得轻松一些吧，“清心寡欲，无所需求”，你的人生便不再“累”了。

人生感悟

人要生存，必须有物质作基础，但物质的索取必须有一个度。追求可以成为一种快乐，追求太多就如同生命沉重的负荷，让我们觉得生活很累。

092. 失去的同时也是在得到

战国时期越国被吴国打败后，越王勾践沦为奴隶，失去了子民和国土的他已是痛苦不堪，在吴国还受尽了折磨，甚至给吴王当马夫。虽然失去一时的尊严和脸面，但却磨炼了他的意志和决心。后来，他卧薪尝胆，重振越国。二十年后，打败了吴国，并成为春秋时期的霸主。虽然曾经失去过尊严，可是换来的却是最后的胜利。

世间万物都是一分为二，有其利必有其弊。十全十美的事物是不可能存在的。当你遇到遗憾和失败时，重要的是看你怎样去面对这个现实。我们要走好人生的每一步，必须要有坚强的意志，脚踏实地的精神。即使前方道路是泥泞的、崎岖的；尽管你战战兢兢地向前走，仍可能会摔得头破血流。但只要你能勇敢地重新站起来，继续地往前走，最终胜利总是属于你的。

人生的道路是漫长的，如果你只会一味地感伤失去，那么你将一无所有，只有有能力去享受失去的“乐趣”的人，才能真正品尝到人生的幸福。

人生感悟

人生的道路是漫长的，如果你只会一味地感伤失去，那么你将一无所有，只有有能力去享受失去的“乐趣”的人，才能真正品尝到人生的幸福。

093. 适时的放手是一种睿智的选择

一个寺院的附近有一片树林，在树林里有一群猴子，它们喜欢偷吃寺院里的大米。为了防止寺院里的大米被盗，寺院里的和尚发明了一种捕捉猴子的巧妙方法。他们把一只葫芦型的细颈瓶子固定好，系在大树上，再放入大米。

到了晚上，猴子来到树下，就把爪子伸进瓶于去抓大米。这瓶子的妙处在于猴子的爪子刚刚能够伸进去，等它抓到一把大米后，爪子却怎么也拉不出来了。

贪婪的猴子绝不可能放下已经到手的大米，就这样，第二天，和尚们把它抓住的时候，它依然不松开爪子，直到把那把大米放入嘴中。

每个人都会经历许多次坎坎坷坷，都可能遭受多次人生的转折。因为生活的实际情况总是跟我们最初的主观意愿有一定的距离，因此需要不断调整和转变，而每一次的调整和转变都意味着一次放弃，直到最终转变到人生的正常轨道上来。但随着生活的变化，我们都还会转变，还会放弃，转变不断，放弃不断。这或许就是人生的基本法则。放弃不等于失败，它可以转化为另一种成功。

放弃，是一种睿智，是一种豁达，它不盲目，不狭隘。放弃，对心境是一种宽松，对心灵是一种滋润，它驱散了乌云，它清扫了我们的心房。

人生感悟

放弃不等于失败，它可以转化为另一种成功。有时候放弃是一种睿智的选择。

094. 随时给生活做个大扫除

美国畅销书作家柯维指出：生命的进行就如同参加一次旅行。你可以列出清单，决定背包里该装些什么才能帮你到达目的地。但是，记住，在每一次停泊时都要清理自己的口袋。什么该丢，什么该留，把更多的位置空出来，让自己活得更轻松、更自在。

你一定有过年前大扫除的经验吧。当你一箱又一箱地打包时，是不是惊讶自己在过去数百日内，竟然累积了那么多的东西？是不是懊悔自己为何事前不花些时间整理，淘汰一些不再需要的东西，否则，今天就不会累得你连背脊都直不起来？

柯维指出：大扫除的懊恼经验，让很多人懂得一个道理：人一定要随时清扫、淘汰不必要的东西，日后才不会变成沉重的负担。

人生又何尝不是如此！在人生路上，每个人不都是在不断地累积东西？这些东西包括你的名誉、地位、财富、亲情、人际、健康、知识等等；另外，当然也包括了烦恼、忧闷、挫折、沮丧、压力等等。这些东西，有的早该丢弃而未丢弃，有的则是早该储存而未储存。

问自己一个问题：我是不是每天忙忙碌碌，把自己弄得疲惫不堪，以至于总是没能好好静下来，替自己做清扫？其实，在人生诸多关口上，我们几乎随时随地都得做清扫。念书、出国、就业、结婚、离婚、生子、换工作、退休……每一次的转折，都迫使我们不得不"丢掉旧的你，接纳新的你"，把自己重新"扫一遍"。生命里填塞的东西愈少，就愈能发挥潜能。随时给自己的生活做个大扫除吧！

人生感悟

人一定要随时清扫、淘汰不必要的东西，日后才不会变成沉重的负担。

095. 吃亏绝不亏，惜福才有福

人生，就是行走在得与失之间。你拥有青春的同时也在失去青春，你拥有财富的同时也在失去财富，你拥有健康的同时也在失去健康，你拥有家人的同时也在失去他们……人生没有绝对的得到，当我们拥有时往往不会意识到这些人和事物终将离去，失去时才会追悔莫及。然而，失去也并非绝对失去，当你失去一个老友会拥有一个新朋友，你失去一份工作会收获一份新工作，你失去一朵玫瑰会得到一朵百合，你失去的从来没有停止，但是你也从来没有缺少得到。每个人的人生都在不停地经历得与失，当你明白得失时，便能够学会坦然面对。

祸兮福所倚，福兮祸所伏，不要因为得到而得意忘形，也不因为失去而落落神伤，面对得失，我们要以平常心对待，你什么时候放下，什么时候就没有烦恼。看重得失，让人徒增几分烦恼，不计得失，我们反而活得豁达、轻松。法师说：“同样一个‘得’字，有‘舍得’，也有‘得失’，二者却是两种完全不同的心境。有智慧的人能够舍，能‘舍’也就能‘得’，能得无限的快乐；不能‘舍’就会有‘失’，失去了心境的安宁。”执念于失去的东西，就不能得到放下的欢乐。

有时失去的并不代表丧失幸福，而是让我们更好地拥有幸福。有时失去了悲伤的痛苦，我们能让心灵走出阴霾，拥有海阔天空的明媚；有时失去贪婪的欲望，我们能让自己更珍惜所拥有，尝到知足的快乐；有时失去仇恨的恶念，我们能更关心身边的人，获得爱与被爱的滋味。所以，生活中我们要懂得失去的意义，放下对失去的执着，就可得到内心的安详，学会珍惜拥有的，享受拥有时的美好，生活就会更精彩、更洒脱。

既然失去是一种常态，那么在日常生活中，我们就要坦然面对吃亏。不管是财富还是权势，都是生不带来，死不带去，实际上很多人意识不到这种斤斤计较反而是舍本逐末，不愿意吃亏，不愿意失去，注定也就无法获得更多。真正的智者从来不会在乎表面上的吃亏，他们更注重实质性的福报。俗话说，吃亏是福，因为能够吃亏的人，能够坦然面对失去的人，往往拥有一颗平和心，自然就能轻松享受美好生活。

人生感悟

真正的聪明人不会在乎一时的得失成败，而是善于用全局的眼光，看待整个人生。老天是公平的，它给予每个人的福气都是相同的，唯有那些懂得惜福的人才能福泽绵延不断。

096. 太安逸的生活未必是好事

禅院里的生活单调，为维持生活，僧人们每天都要干很多活。

有个小和尚埋怨生活太辛苦，每天烧水、做饭、坐禅，琐碎的事太多。有一次，他向禅师诉苦，禅师就给他讲了一个故事：

有个人死后，去了阎罗殿。他到了那里，看到那里生活非常安逸。这个人想：我活着的时候生活太辛苦了，现在我死了，终于可以享受了。除了吃饭睡觉，没有别的事情，也不用每天辛苦地工作了，这样的生活实在是太好了！这简直就是天堂！

然后，他向负责人问道："这里是地狱吗？我实在难以想象地狱居然是这样好！"负责人说："没错，这里就是地狱！在这里你什么都不用做，好好享受吧！过一段时间你就知道这就是真正的地狱。"

这个人心想：怎么会呢！这里天天山珍海味，想吃什么就吃什么；还有舒适的床铺，想睡多久就睡多久，从来没有人管。早知道这样，我早就不活了，活着还不如死掉呢！

于是他就整天吃了睡，睡了吃，快乐得像个神仙。可是时间长了，他觉得十分寂寞和空虚，于是他去找负责的人，说道：“我每天除了吃饭就是睡觉，和猪有什么区别？我不想过这样的生活了，你还是给我找一份工作吧！辛苦点我也愿意。”

负责人答道：“这里从来就没有工作，想要什么只要一动念，马上就能得到，只有工作是得不到的！”那个人没有办法只好回去了，又过了一段时间，他实在无法忍受这样的生活，又去找那个负责人，说道：“我不想在这里住了，这种生活实在是难以忍受，你还不如让我下地狱！”

负责的人说：“已经告诉过你了，这里本来就是地狱，你还以为这里是天堂呢？实在是太笨了！这才是真正的地狱。”

故事讲完了，禅师问小和尚：“现在你还觉得生活太辛苦吗？”

小和尚答道：“弟子明白了。”

人生感悟

人吃饭是为了活着，但活着绝不是为了吃饭。所以，人们常常会在无所事事、酒足饭饱后备感空虚。适当的安逸和享受是必需的，但那应该是在努力工作并取得成果之后。

097. 别让消极的情绪成为明天的包袱

有一位心理学家，在一艘长途旅行的轮船上做了一次心理改造实验。他建议一些心烦气躁的人到船尾去，设想已把所有烦恼的事情全部都丢进海中，并且想象自己的烦恼事正淹没在白浪滔滔的大海里。

后来，有一位乘客来告诉他说：“我照着你所建议的方法做后，我发觉我的心里真是舒畅无比。我打算以后每天晚上都要到船尾去，然后把我烦恼的事一件一件地往下丢，直到不再有烦恼为止。”

这真是一个奇妙的心理改造实验。凡事不论好坏、愉快或痛苦、赞成或反对、成就或过错，名声或耻辱，都会来来去去。凡事都有起点，也有终点，人生本来如此。

从昨天的风雨里走过来，人身上难免沾染一些尘土和霉气，心头多少留下一些消极的情绪，这是不能完全抹掉的。但如果总是背着沉重的情绪包袱，不断地焦躁、愤懑、后悔，只会白白耗费眼前的大好时光，那也就等于放弃了现在和未来。追悔过去，只能失掉现在；失掉现在，哪有未来！正如俗话所说：“为误了头一班火车而懊悔不已的人，肯定还会错过下一班火车。”

要想成为一个快乐成功的人，最重要的一点，就是记得随手关上身后的门，学会将过去的不快通通忘记，重新开始，振作精神，不使消极的情绪成为明天的包袱。

人生感悟

为误了头一班火车而懊悔不已的人，肯定还会错过下一班火车。总是背着沉重的情绪包袱，不断地焦躁、愤懑、后悔，只会白白耗费眼前的大好时光，那也就等于放弃了现在和未来。

098. 苦过才知甜滋味

有这样一个故事。

从前，有一个国王和一个奴隶同坐一船。奴隶从来没有见过海洋，也没有坐过船。他一路哭哭啼啼，战栗不已。大家百般安慰他，他仍继续哭闹。国王被他扰得不能安静，大家始终想不出办法来。船上有一位哲学家说道：“您若允许我一试，我可以使他安静下来。”哲学家立刻叫人把那奴隶抛到海里去，沉浮了几次，人们才抓住他的头发把他拖到船上。上船后他连忙双手紧紧地抱着船舵，坐在一个角落里，不再作声。

国王很为赞许，便开口问道：“你这方法，奥妙何在?”哲学家说：“原先他不知道死亡的痛苦，便不知道稳坐船上的可贵。大凡一个人总要经历过忧患才会知道安乐的价值。”

一个人只有经历过忧患，才会知道快乐的价值和意义，快乐能够让你看到生活的阳光。痛苦和幸福是相对的，也是相互转换的。喜欢甜的，就一天到晚吃甜食，结果和吃苦的食品是一样的滋味；比起雨天来人们更喜欢晴天，但接连都是晴天，又和下雨天一样觉得难熬；喜欢休闲，就一直休闲而不工作，就和工作一样无聊而又辛苦。

尝尽了痛苦更觉得幸福来之不易，就像苦味使甜味更甜，阴天使晴天更温馨，工作使休息更愉快一样，痛苦使幸福更有价值、更珍贵。正如口渴的时候喝到的水像蜜一样，经历了曲折坎坷之后得到的幸福才是真正的幸福。

人生感悟

一个人只有经历过忧患，才会知道快乐的价值和意义。尝尽了痛苦，才会觉得幸福来之不易。

099. 用别人的闪光点成就你自己

每个人都有闪光点，你的竞争对手更是如此。你应该取长补短，用对手的闪光点成就自己。学习别人，实际上也是节约自己的时间。纵观那些事业有成的商人、企业家，无不善于向别人学习。例如，全球零售巨头沃尔玛的创始人山姆·沃尔顿常说，“向竞争对手学习”，后来他还总结出了一个终身受益的宝贵经验——要学习每个人的长处。美国钢铁大王卡耐基在未成功前就懂得这个道理，他经常虚心地向洛克菲勒、摩根和其他金融巨子学习，留意那些人的一举一动，研究他们的信念，模仿他们的做法，结果他也成功了。

曾听说这样一个故事：有个从偏远山区考到城里读书的女孩，刚开始时她的学习成绩也就是中下等。她没有自暴自弃，也没有怨天尤人，而是仔细分析了班里同学的优点，将其列成一个单子，例如，“马新颖做事认真，刘涛字写得漂亮，王方爱思考问题，陈伟热情奔放”。她依照这个单子来要求自己，学他人之所长。

一次，学校组织了一个演讲比赛。由于她的乡音很浓，结果得了最后一名。比赛结束后，她找到第一名的同学，跟她说：“你是正数第一，我是倒数第一，咱俩交个朋友吧。”从此，她们成了志趣相投的知己，她经常听对方读课文，听完之后，她就照着读几遍，直到自己满意为止。就这样，她集他人之长，补己之短，很快成了班里的佼佼者。

这个女孩虽然年龄很小，但具有很强的竞争素质。她开朗，自信、乐于助人、与人为善、善于合作，充满了现代人的气息。我们应该像她那样，向竞争对手学习，用对手的闪光点完善自我，充实自己。

一个人的体验是有限的，而和对手的交往却能为我们提供互相学习、借鉴的机会。明智的人应当利用这些机会，学习和借鉴各类人的闪光点，扩大自己的视野，提高自身能力。

人生感悟

每个人都有闪光点，你的竞争对手更是如此。而和对手的交往更能为我们提供互相学习、借鉴的机会。你应该取长补短，用对手的闪光点成就自己。

100. 用耐心将冷板凳坐热

不知你发现没有，在足球比赛中，除了上场踢球的十一个队员外，还有几个替补队员是不能上场的，在一边做替补，俗称“板凳”队员。在一场比赛中，这些板凳队员很少有上场的机会，有的只有短短的几分钟，有的一次都没有。多数情况下，他们只能看着别人在运动场上激烈拼杀。但是，这些板凳队员并没有因此和教练较劲，他们在训练时依旧卖力。因为只要你还坐着“冷板凳”，就算队中的一员，只要耐心等待，就总有上场的机会。如果你耐不住坐“冷板凳”的寂寞和尴尬，怒发冲冠，和他人较起劲来，可能就会惹火上身，从而被请出队伍，永远失去上场比赛的机会，若是那样，该是多么可惜啊！

古语云：“十年寒窗无人问，一举成名天下知。”又有云：“板凳要坐十年冷，文章不写一句空。”都是说明，只有不和不利于自己的环境和个人较劲，耐得住寂寞经得起孤独坐得了冷板凳的人，才能在某些方面做出骄人的成绩。古今中外，要想成就一番事业，在“立德、立功、立言”上有所建树的人，大概都少不了坐冷板凳的精神。例如，爱因斯坦曾在伯尔尼瑞士专利局的办公室坐了七年冷板凳，冷冷清清，少人问津，而正是这七年，是他一生中成果最多的时期，创立了伟大的相对论，奠定了他在世界物理学界的权威地位。

不仅做学问是这样，做什么事情都是如此。耐心做好冷板凳，坐的时间长了，冷的也就升温，变为热的了。

人生感悟

只有不和不利于自己的环境和个人较劲，耐得住寂寞经得起孤独坐得了冷板凳的人，才能在某些方面做出骄人的成绩。

101. 学会与痛苦共舞，便是人生的历练与成熟

意大利的心理学家曾经做过研究，对象是一群因为意外事故而导致半身不遂的病人。他们都是年纪轻轻，但却丧失了运用肢体的能力，可以说命运对他们不公平。不过，绝大多数的患者却一致表示，那场意外也是他们这一生中最具启发性的转折点。

调查中有一名叫做鲁奥吉的青年，他在20岁那年骑摩托车出事，腰部以下全部瘫痪。鲁奥吉在事后回忆说：“瘫痪使我重生，过去我做的所有事都必须从头学习，就像穿衣、吃饭，这些都是锻炼，需要专注、意志力和耐心。”

鲁奥吉以积极面对人生的态度声称，以前自己不过是个浑浑噩噩

的加油站工人，整天无所事事，对人生没什么目标。车祸以后，他的兴趣反而更加广泛了，去念了大学，并拿到语言学学位，还替人做税务顾问，同时也是射箭与钓鱼的高手。他强调，如今“学习”与“工作”是令他最快乐的两件事。

的确，生命中收获最多的阶段，往往就是最难挨、最痛苦的时候，因为它迫使你重新检视反省，替你打开了内心世界，带来更清晰、更明确的方向。

要想命运尽在掌控之中是件非常困难的事，但日积月累之后，经验能帮助你汇集出一股力量，让你愈来愈能在人生赌局中进出自如。很多灾难在时过境迁之后回头看它，会发现它并没有当初那么糟糕，这就是人生的成熟与锻炼。

人生感悟

生命中收获最多的阶段，往往就是最难挨、最痛苦的时候，因为它迫使你重新检视反省，替你打开了内心世界，带来更清晰、更明确的方向。

102. 请停下忙碌的脚步

没有谁让我们过得如此忙碌，也没有人强迫我们这样；越是忙碌的人心里越恐慌、畏惧；我们因为太忙碌而忘记了思考，我们不是没有时间去思考，而是让自己承受了太多的压力。

云南有一个古城，气候宜人，土地富饶，物产丰富，人们生活悠闲，节奏慢悠悠的。有一个英国绅士看到这里的人们生活悠闲，就问一个老太太，夫人，你们这里的人生活节奏为什么总是慢悠悠的？老太太说，先生，你说人最终的结果是什么？英国绅士想了想说，是死亡。老太太说，既然是死亡，你忙什么？

生命是一个过程，不是一个结果，如果你不会享受过程，结果是什么大家都知道。生命是一个括号，左边括号是出生，右边括号是死亡，我们要做的事情就是填括号，要用靓丽多彩的事情，把括号填满。

生命的质量取决于你每天的心态，如果你能保证眼下心情好，你就能保证今天一天心情好，如果你能保证每天心情好，你就会获得很好的生命质量，体验别人体验不到的靓丽的生活。适当地停下忙碌的脚步吧，换个生活方式，就换来另一种心情，换来另一种心情，也就是换来了别样的人生！

|人生感悟|

我们因为太忙碌而忘记了思考，我们不是没有时间去思考，而是让自己承受了太多的压力。适当地停下忙碌的脚步，换个生活方式，就换来另一种心情，换来另一种心情，也就是换来了别样的人生！

103. 只要你愿意，快乐随时都会陪伴你

有首古诗写道：“但愿此心春长在，须知世上苦人多。”现实中真的是有许多人感到自己活得很辛苦，生活中没有一点乐趣。正因为世人心中无“春”，所以才无快乐可言。其实人生是快乐的，只不过快乐深藏于心，不容易为人所发现而已。

荣启期在泰山，优哉游哉，鼓琴而歌，孔子路过，就问他为何这等快乐？

荣启期回答道："天生万物，惟人为贵，我得为人，何不乐也？"

正如荣启期所说，生而为人即是一种快乐，快乐是人生的主题。只要我们用心去体会，以饱满的热情对待生活，就能快乐度过每一天。

许多人抱怨生活太清苦，许多人到外界去寻求快乐。而对身边的美景熟视无睹，其实只要你愿意，只要你有心，你随时都可以感到愉快，你可以在阵雨中歌唱，使音乐充满你的心灵，你可以在烈日中独行，让阳光洒满你的心灵，你可以在风中散步，让风儿吹散你心中的不快，你可以……总之，只要你愿意，快乐随时都会陪伴着你。

人生是愉快的，世界上之所以有那么多人感觉不到愉快，不过是因为他们自己的愚昧和怯懦，不过是他们没有用心去对待生活，你要相信，只要尽你所能，用心去体会去表现，你可以快乐度过每一天。

快乐生命的形成，并不需要什么。完全在你自己身上，在你的思想里。

人生感悟

生而为人即是一种快乐，快乐是人生的主题。只要我们用心去体会，以饱满的热情对待生活，就能快乐度过每一天。

104. 踩着幸福，有时你却不知道

生活中很多人不惜花费许多时间舍近求远去寻找幸福。其实，幸福就在脚下，俯拾即得，而我们却不肯弯腰捡起享用。

生活本是丰富多彩的，除了工作、学习、赚钱、求名，还有许许多多美好的东西值得我们去享受：可口的饭菜、温馨的家庭生活、蓝天白云、飞流的瀑布、浩瀚的大海、雪山与草原，还有诗歌、音乐、沉思、友情、谈天、读书、体育运动、喜庆的节日，甚至工作和学习本身也可以成为幸福的享受。

生活中，我们都渴望得到满盛完美而永恒幸福的“金罐子”。与此同时，对微不足道的细枝小叶，却视而不见；对起不到立竿见影功效的一砖一瓦，却置之不理。如果我们不是太急功近利，不是单单为了自己的私利，我们的辛苦劳作也会变成一种乐趣。

罗丹说：“美是到处都有的，对于我们的眼睛，不是缺少美，而是缺少发现。”

一位学者希望在知识中寻找快乐，却只找到幻灭和忧虑；希望在写作中寻找快乐，却只找到身心疲惫。有一天，他看见一个女人在车站等人，怀中抱着一个熟睡的婴儿。一个男人从火车上走下来，走到那对母子身边，温柔地亲吻女人和她怀中的婴儿，小心翼翼地不敢惊醒他。女人的脸上顿时露出灿烂的笑容。学者霍然惊觉，原来日常生活的一点一滴都蕴藏着快乐、幸福。

其实，我们大多数人一生中不见得有机会赢得大奖，但我们都有机会得到生活的小奖。每一个人都有机会得到一个拥抱，一个微笑。生活中到处都有小小的喜悦，也许只是一杯冰茶、一碗热汤，也许是一轮美丽的落日。更大一点的单纯乐趣也不是没有，生而自由的喜悦就够我们感激一生的了。这许许多多点点滴滴都值得我们细细去品味。也就是这些小小的幸福，让我们的生命更可眷恋。

幸福就在我们周围，它像一颗颗小小的颗粒。只要我们一粒一粒地把它收集起来，很快就可以装满一篮子。

105. 细微之处方显真爱

一位母亲给即将去外地上大学的儿子收拾包裹，她装了满满一大包东西。儿子把许多不需要的东西又一一拿了出来。当他翻出用很大的塑料瓶盛着的一瓶水时，母亲却说什么也要让他带上。

儿子有些不耐烦了，带这个干什么，这么重，谁愿意背！空气似乎凝滞了一会儿，母亲打破了僵局说，还是带上吧，重就重些。这次你去的地方远，妈怕你水土不服，特意为你装上一大瓶家乡的水。

母亲接着说，在你很小的时候，第一次带你回南方的外婆家，你因为水土不服闹起了肚子。后来听人说，到了一个生地方后先喝几口家乡水，情况就会好些，妈把这话牢牢地记在了心里。以后每次出远门，妈总忘不了带上一大瓶家乡的水。现在你长大了，水土不服的毛病早就没有了。可妈好像改不了“老毛病”，一听说你要出远门，就又为你准备下了这瓶水，心想带上终归没有坏处。

儿子没再拒绝，泪眼汪汪地看着母亲为他所做的一切。

有时爱就像是一滴水，虽然细小，但却默默地渗透在了生活的深处。可惜，活得很粗糙的我们，往往感受不到。就像这瓶水，我们更多的时候只把它简单地看成了一瓶水，殊不知，在水的晶莹中，蕴含着母亲一片深深的爱心。

人生感悟

平淡的生活中其实蕴藏着许多爱的细节。它琐碎、细小，像一丝风，似一缕雾，淡淡的藏在生活某个不起眼的环节上。

106. 凡事适可而止

从前有个愚蠢的人，去别人家里做客。主人请他吃饭，他嫌饭菜淡而无味。主人听了之后，就给他加了些盐。加盐之后的饭菜变得好吃了，于是这个蠢人便自言自语地说：“饭菜之所以变得好吃了，是因为放入了盐的缘故。只加了少许就如此好吃，何况再多加些呢?”这个愚人毫无智慧，于是光吃盐不吃菜。吃了过量的盐破坏了味觉，反而受到了伤害。这正如那些外道之人，听说节制饮食有助于修得大道，于是就绝断进食去修炼。他们有的绝食七天，有的绝食十五天，只是独自饱受饥饿之苦，于修道却无一点益处。这就好像那个愚蠢的人，因为盐使饭菜变得好吃，就只是一味地吃盐，最终导致味觉被破坏，外道绝食修道也是同样如此。

东西再好吃，吃多了也会引起不良反应。这就好比做事，无论做什么都要讲究一个“度”，超过了限度也会产生负面效果。正所谓“物极必反”，也就是说事物发展到一定的极端时，就会向其相反的一面转化。老子说：“知道满足就不会招致屈辱，知道适可而止就不会招致危险，这样才可以平安长久。”然而很多人就是不懂得这个道理，让自己的欲望泛滥，结果害死了自己。

人生感悟

生活中诸多事情的好与坏、利与弊、成与败，都有一个临界点。所以，凡事都要适可而止，任何的多余都是负担。

107. 不要惧怕生活中的低谷

我们在日常生活中与人相处的景况，就像季节有着寒暑之节气一样，也会有冷暖交替的变化。情场失意、工作不得志、与家人无法沟通或是不被同事认同……我们常因为无法得到他人或是自己的认可与肯定而陷入低潮。等到清醒过来再作反省的时候，偶尔会觉得当时的行为实在幼稚，或是自责自己曾经是那么的莽撞、轻率乃至于是无知。可是，真不知是怎么搞的，我们就这样在低潮与清醒中来回摇摆，到了最后还是回到原点，几乎没有任何的突破与成长。感觉上，自己就像月亮一样有着阴晴圆缺，仿佛已接受了命运之神预定的安排，内心却是装满抱怨与无奈。

当我们处在低谷时，其实正是好好反省、重新认识自己的时候，因为我们在所谓清醒的时刻，往往并非是真正的清醒。不管是刻意压抑或是在潜意识中，都会在有意或无心的时候，否定了内心种种的孤寂、空虚的感受，也压抑了由恐惧所引起的各种负面情绪。这并不是说，一般人从没有想过办法来解决这样的问题，有人尝试看了许多关于心理励志的书，也听了许多朋友的分析、建议。只是到了最后，还是不忘提醒自己这样的话："书上写的、朋友说的我都懂，不过，懂是一回事，能不能做又是另外一回事！"就这样，不是畏惧改变，就是不耐于等待，而错失了反省自己的机会！

人在顺境时得意是非常自然的事情，但是能在低谷中苦中寻乐，或是让心情归于平静去认识平常疏于了解的自己，才能帮助自己成长。

其实，生活中的低谷就像在马路上开车遇到红灯一样，是为了让我们停下来做个短暂的休息，伸个懒腰、做做深呼吸来放松紧张的精神，甚至可以看看是否走错了方向，车子在行进当中需要集中注意力，若是没有这些短暂的休息，肯定是无法好好地继续完成旅程的。从低谷中认识自己，是一种智慧。

人生感悟

越是在逆境中，我们越应保持清醒的头脑和理智，全面认识自己的优点和不足。生活中的低谷并不可怕，它正是你整装待发的最好时机。

108. 不要与机会擦肩而过

很多人共同存在的一个问题，就是对工作挑三拣四，一直梦想寻找完美的工作或雇主。

许多人过分强调工作应当能让他们有更多的成就、假期与薪酬。这对于已经把工作做得相当好的人而言，要求并不过分；但对于那些刚刚参加工作的人来说，似乎标准过高。

你至少要先起步，才能到达高峰。一旦起步，继续前进便不太困难。工作越是有困难越要立刻去做。你等得越久，困难就会越多，越可怕，有点儿像第一次学切菜。你越是怕剁到手，越是剁到手。

命运无常，在我们的一生中，许多人都有良机佳遇，但总是一瞬即逝。我们当时不把它抓住，以后就会永远失掉了。

习惯之中足以误人误事的莫过于“拖延”二字，世间有许多人都是为此种习惯所累而陷入困境。你应该极力避免拖延的习惯，像避免一种罪恶的引诱一样。

假使对于某一件事，你发觉自己有拖延的倾向，就应该立刻动手去做，不管那事怎样困难，不要畏难，不要偷安，这样久而久之，你自能改变那拖延的倾向。

那种活得过于细致的人，他们往往借口条件还不具备，不肯轻举妄动，因而坐失了很多良机。也许你听过这个笑话：“昨天晚上，机会来敲我的门，当我赶忙关上报警器，打开保险锁，拉开防盗门的时候，它已经走了。”如果你不想错过良机的话，请你有所改变！

人生感悟

拖延会让人走入深渊，拖延时间的人往往一事无成，这样的生活状态不但人使人厌倦，而且还会使你失去很多做大事的机会。

109. 揭人之短，就是打人之脸

俗话说：“人怕没脸，树怕没皮。”每个人都有尊严，谁也不希望自己犯下的错误被当众揭露。可是，很多人却对自己的直言快语不以为然。殊不知，“病从口入，祸从口出”，也许正是因为你的直言快语，正是因为你好揭人短，最后使你陷入尴尬的境地。

何谓揭短？其实也就是说当着人家的面揭露人家的短处或错误，再通俗点说就是不给人家面子。喜欢揭短的人往往不分场合、不分地点、不分时间、不分身份地揭出别人过去所做的错事、傻事，或是指出别人存在的某些缺陷。他们往往不给人台阶下，不给人留面子，不给人留余地。

朱元璋出身卑微，当了皇上以后自然有不少以前的穷哥们找他来“叙旧”，希望能从自己的“兄弟”那里捞到点实惠。可是已经成为“天子”的朱元璋为了维护自己的尊严，非常害怕别人揭他的老底，所以往往把这些人拒之门外。

有一次，朱元璋小时候一个很要好的朋友来到京城找他。因为这位朋友和自己关系太“铁”，所以朱元璋决定接见他。这个人刚进宫门，就当着满朝文武的面大声喊道：“我说朱重八，这几年不见你可真是出息了，居然都当了皇帝了。”

朱元璋一听，满脸不高兴，但又不好发作，只得支支吾吾地搪塞。这位朋友不但没住嘴，反而更加来劲地说：“你可真是威风了，想当初咱们一起玩耍的时候，还都是穿着开裆裤的孩子呢！你还记得不，有一次你干了坏事，还是我替你挨得打呢？还有，上次咱们一起偷人家的豆子吃，你饿得不行，还没等豆子熟了就往嘴里送，结果被噎住了。呵呵，这些事你都记得吗？”

此时，龙椅上的朱元璋再也坐不住了，心想：“这个家伙太不识趣了，怎么敢当着众人的面揭我的短呢？非除掉他不可！”

结果，这位梦想着升官发财的穷小子，不明不白地被昔日的老朋友杀掉了。

要知道面子是很重要的，尤其是中国人更好面子。你要想自己有面子，那么你首先要做的就是给足别人的面子。

| 人生感悟 |

待人处世的成功，一个很重要的因素就是：善于发现对方身上优点，夸奖对方身上的长处，而不要揭别人的隐私、痛处。

110. 有一笔人生财富叫苦难

人生包含酸、甜、苦、辣。人生的丰富多彩，不仅因为太阳的辉煌，也因为闪电的凌厉；不仅因为爱情的甜蜜，也还包括相思的痛苦。如果说缺少太阳的人生是黯淡的，那么缺乏苦难的人生则是苍白的。

苦难是竖在现实和未来之间的一扇纸糊的门，你只要敢于捅破它，前方的路便天宽地阔；苦难是蹲在成功门前的看家犬，怯弱的人逃得越急，它便追你越紧；苦难是火焰熊熊的炼狱，灵魂在苦难中涅槃，就会显露出金子般的成色……

苦难同幸运就好像四季轮回一般：既然有春天的葱茏，也就有秋天的落叶；既然有夏天的热烈，也就有冬天的风雪。世上没有不弯的路，人间没有不谢的花。苦难宛如天边的雨，说来就来了，你无法逃避，无法退却；苦难又似横亘的山，赶也赶不跑，你只有跨越，只有征服。一个人受多少苦并不感人，感人的是如何面对苦难——能否不断超越自己，奋力拼搏。有一位作家曾这样说过：苦难是一架梯子，对于强者来说，它通向成功的殿堂，对于弱者来说；它则通向黑暗的地狱。

人生感悟

有时候我们无法改变我们的生活道路。但是，任何时候，我们都可以选择我们的人生态度。什么样的人生态度，决定什么样的人生轨迹。

111. 生活就是一连串矛盾的载体

一切幸福都基于对生命的欲望，而欲望却又不免会带来痛苦。一般人把愿望的实现视为幸福，可是，一旦愿望实现了，就真能感到幸福吗？许多人拥有爱情的美满和事业的成功，他们却说："生活给了我想要的东西，同时它又让我认识到这没多大意思。"显然，没有了矛盾，没有了矛盾的转化，也就无所谓痛苦和欢乐了。由此可见，真正的生活必然是挫折与顺利、痛苦与欢乐紧密联系在一起的发展过程，而绝不是无忧无虑、一切圆满的虚无境界。

德国哲学家叔本华说过："我们在任何时候，都需要一定数量的烦恼、忧伤、痛苦和欲念，这就像船上需要压舱物一样。"这句话不是悲观主义者的呻吟，而是正确对待挫折与痛苦的方法。

如果你能看透世间本应有诸多的烦恼，那么每受挫一次，你对生活的理解便加深一层；每失误一次，你对人生的感悟便升高一阶；每不幸一次，你对世间的体会便成熟一级；每磨难一次，你对幸福的内涵就彻悟一遍。从这个意义上说，要想获得成功和幸福，要想过得快乐，首先要把困难、挫折、不幸和痛苦读懂，也就是首先要明白：挫折和痛苦是生活必然会有的组成部分，由矛盾构成的生活是真实和美好的。

| 人生感悟 |

挫折和痛苦是生活必有的组成部分，生活就是一连串矛盾的载体，由矛盾构成的生活是真实和美好的。

112. 只要自珍自爱，生命就有意义

一个从小就生长在孤儿院里的孩子常常悲伤地问院长：“像我这样没人要的孩子，活着究竟有什么意思呢?”

院长总是笑而不答。

有一天，院长交给这个孩子一块石头，说：“明天早上，你拿这块石头到市场上去卖，但不是‘真卖’。记住，无论别人出多少钱，你绝对不能卖。”第二天，男孩儿蹲在市场一角卖石头。令他感到非常意外的是竟有许多人向他问价，而且价钱愈出愈高。回去后，男孩儿兴奋地向院长报告。院长笑笑，要他明天拿到黄金市场上去叫卖。在那里，竟有人出比昨天高十倍的价钱要买那块石头。

最后，院长叫男孩儿把石头拿到宝石市场去展示。结果，石头的身价比昨天又涨了十倍。更由于男孩儿怎么都不卖，竟被传扬为“稀世珍宝”。

生命的价值就像这块石头一样，在不同的环境下就会有不同的意义。一块不起眼的石头，由于你的珍惜而提升了它的价值，被说成稀世珍宝。你不就像这块石头一样吗?只要看重自己，自珍自爱，生命就有意义、有价值。

都是上天精心打造的一座宝藏，只要看重自己，自珍自爱，生命就有意义、有价值。

113. 给别人留路也就是给自己留路

在茫茫沙漠的两端，各有一个村庄。要想到对面的村庄去，如果绕过沙漠，至少需要马不停蹄地走上二十多天；如果横穿沙漠，只需要三天。但横穿沙漠实在太危险了，许多人试图横穿却无一生还。

一天，一位智者经过这里，他让村里人找来了几千株胡杨苗，从这个村庄一直栽到沙漠那端的村庄。智者告诉大家："如果这些胡杨苗有幸成活了，你们可以沿着胡杨树来来往往；如果没有成活，那么每一个行者经过时，都要将枯树苗拔一拔，以免被流沙淹没了。"这些胡杨苗栽到沙漠后，虽然没成活，却成了路标。

沿着路标，大家平平安安地在这条路上走了几十年。

一年夏天，村里来了个僧人，他打算到对面的村庄去化缘。于是大家告诉他："横穿沙漠时，遇到要倒的路标一定要向下再插深些，遇到就要被淹没的路标，一定要将它向上拔一拔。"

僧人点头答应了，带上一皮袋水和一些干粮上路了。他走啊走啊，走得两腿酸痛，浑身乏力，一双鞋很快就被磨破了，但眼前依旧是茫茫黄沙。遇到一些快被流沙淹没的路标，僧人想："反正我就走这一次，淹没就淹没吧。"他没有伸出手去将这些路标向上拔一拔；

遇到一些被风暴卷得摇摇欲倒的路标，僧人也没有伸出手去将这些路标向下插一插。

当僧人走到沙漠深处时，静谧的沙漠蓦然飞沙走石，一部分路标被淹没在厚厚的流沙里，一部分被风暴卷走，没了踪影。失去了路标的指引，僧人像没头的苍蝇似的东奔西走，怎么也走不出大沙漠。在气息奄奄的那一刻，僧人十分懊悔：如果自己按照大家嘱咐的去做，那么即使没有了进路，还可以拥有一条平平安安的退路啊！

“反正我就走这一次，淹没就淹没吧！”故事中的僧人只考虑自己，于是在风暴来临时，也就只剩下孤独无助的自己了。是的，给别人留路，其实就是给我们自己留路。

人生感悟

人生活在世上，不应只是关爱自己，一心只为自己。要多想想别人，要知道：给别人留路，其实就是给我们自己留路。

114. 每天都是一个崭新的开始

岁月匆匆，每当新的一年又来临时，我们就会突然惊叫道：又过了一年！我们的生命之树又减少了一轮！

时间总是这样，在我们不经意的时候悄悄地溜走了。但我们不能整天浑浑噩噩地过日子，我们应把粗糙的生活过得有滋有味，过得精细一些。劳累了一天，你可以慵懒地躺在床上，闭着眼睛，回想这一天中发生了哪些事，想一想自己哪些事情做对了，哪些事情做错了，哪些事情根本就不应该去做；想一想，这一天的时间是如何流走的；

想一想，多少时间被自己无端地浪费掉了。然后，摊开日记本，一一记录下来。

当你在日记中寻觅过去的影子的时候，你有没有一种被刺痛的感觉：自己曾浪费了多少时间，做过多少蠢事，犯过哪些错误，有过哪些失败。如果流逝的时光可以像这个日记本一样能够翻回该多好！

为什么事情总是这样：前边做得都挺好，偏偏在要结尾的时候出了错？你往往与成功只差半步，可就是这半步，却改变了你的未来！

最初，我们审视自己的失败，心灵总会轻轻颤抖。我们试着让自己慢慢地恢复平静，无论如何，今天即将过去，过去对于此时此刻的我们已经没有任何意义了。

人生就像是一场永不停止的挑战，无论成功与否，都只是一个临时站台，我们必须也只能乘着时间这列快车，穿过一个又一个站台，向着新的目的地前行，而不是停留在已经取得的成功或者曾经摔倒的沟坎上。过去的成功与失败，都不重要。重要的是在这个过程中，我们能够每天面对自己，审视自己，阅读自己，从中吸取经验与教训，完善自己。此刻，也将成为过去。明天又是崭新的一天，还有新的机会等着我们。关键在于，我们能一次又一次站在起跑线上，等待起跑的枪声响起。

人生感悟

生活平淡中又充满了许多新意和激情，把每一天当成一个新的开始。因此，我们的生活每天也都是全新的，追求所想，成就所能！

115. 你也是他人眼中的风景

一个人以放牧为生。每天，他都觉得自己很幸福。他不知道什么是贫穷，也不晓得什么是富贵。

一天，他看到海上来了一只大船。船上面载满了各式各样珍贵的东西，码头上堆满了大量的不同的货物。船主雍容华贵得让这个牧人非常羡慕，他开始急切地想去碰一碰运气。于是，他卖掉了他的羊群，买了一条小船，从港口出发了。

他的冒险却是出奇的短促！小船刚走不远，海上刮起了可怕的风暴。小船失事了，他好不容易才挣扎着游到了岸边。

他又重新当起了牧人，不过有一点不同——他现在只能重新开始，因为他已一无所有了。他在这方面节省点儿钱，在那方面节省点儿钱，终于又养了一群羊，过起了平淡且愉快的日子。

大海可能是风平浪静的，也可能是波涛汹涌的；其中有财富，也有风险；它可能助你成功，也可能毁了你的前程——关键要看你是不是一个能够经受住考验的“水手”。

并非每个人都适合“下海”，也并非每个人都会在“下海”后捞到财富。如果你喜欢淡泊的日子，如果你缺乏冒险的准备和能力，如果你对自己现在的工作和生活感到还满意，就不必为了追逐幻想而抛弃手中的一切。要知道，如果你是一个牧人，你的财富就不在海上。

有首诗是这样写的：“你站在桥上看风景，看风景的人在桥下看你。”大多数的时候，人们是相互羡慕的。权力在握的要员静下心来，有时会羡慕那些路灯下对弈的老百姓，可是平民百姓没有一个不期盼来日能出人头地的；拖家带口的人羡慕独身者的自在洒脱，独身者却又对儿女绕膝的那种天伦之乐羡慕不已……

有人从风景中看到自己，明白了自己原来也是一道风景，而有人却在风景中迷失了自我，仅仅成了他人风景中可有可无的点缀。

人生感悟

世界上没有两片相同的叶子，你是独特的自己，你是有个性的自己。

116. 真实的才是最美的

有一句话说得好："人不是因为美丽才可爱，而是因为可爱才美丽。"容貌的美丽只是一时，随着岁月的流逝，它终究会被苍老、体态变化等很难与美丽相提并论的丑陋所替代。而一个人的内在美，却不会受时间的影响。所以说，一个人的美并不在于靓丽的外表，而在于美的心灵。若以相貌的丑俊来衡量一个人的美丽与否，实在是幼稚之举。如果仅仅因为自己长得不漂亮而自卑，更是不应该。

你因过分自卑而使得自己处处缩手缩脚，这样你就"完美"了吗？你封闭了自己所谓的缺点的同时也掩埋了自己许多的优点和长处，这样你就快乐了吗？其实，你刻意追求的美只是人生的一种点缀，它终会随着岁月而枯萎。而无论什么时候，展露真实的自我才是最美的。有句名言是这样说的："因为真实，所以美丽。"培根也讲过："真实是一切价值的根基。"人生的主要内容不是浮华和虚荣，我们还应有更高的目标。当你恢复了自信，带着青春朝气，带着对生活的热爱去工作、去学习、去生活时，那种从内心焕发出的光彩会使你整个人看上去很美丽。

有个女孩儿一直想当歌手，却不幸长了阔嘴和暴牙。第一次公开演唱的时候，为了显得有魅力，她一直想办法把上唇向下撇，好盖住暴出的门牙。她这样做反而让别人觉得十分滑稽可笑。这场演唱会，注定以失败告终。有个人觉得她颇有歌唱天赋，便率直地告诉她："我看了你的表演，知道你想掩饰什么，你不喜欢自己的那口牙齿！"女孩儿听了觉得很害羞。那人继续说："这有什么呢？长暴牙并不犯法，为什么要掩饰它呢？何况，这口牙齿说不定还会给你带来好运气呢！"

女孩儿接受了这个人的建议，她张大了嘴巴，尽情地演唱，终于成了顶尖的歌星。她就是美国著名歌手卡丝·黛莉。

长相欠佳，这是自己没法选择的，但一个人的价值却不是由长相来决定。所以，我们没必要自惭形秽、自寻烦恼。另外，我们为什么要以别人的好恶来左右自己的心境呢？

人不是因为美丽才可爱，而是因为可爱而美丽。

|人生感悟|

无论是具有哪一方面的美，"真实"才是最重要的。原始的东西不丢，就是最美的。

117. 活得富贵不等于活得幸福

住豪华别墅，开高级轿车，穿名牌时装，吃山珍海味……在许多人的心目中，这才是幸福生活的标准。他们生活于人世，却无法给自己的幸福找一个合理的定位。他们总是用别人的标准来衡量自己的生活，别人做什么他都觉得是对的，别人追求什么他也追求什么，以为自己的幸福有一天也会如约而至。

人的惯性思维是“他有什么，我也应该有”、“他因为有这些东西，所以比我幸福”，而从来不去思考他真的幸福吗？我们不是别人的复本，我们是一个独一无二的自己。即使我们有一天变得高贵变得有钱，我们也还是自己。人最大的悲哀就是身陷别人给自己设定的方式，顺从地度过一生。

有钱会使物质生活优越，这是不争的事实。但有了钱不一定就有了幸福，更重要的是人家的幸福未必就是你的幸福。放弃自己的追求，跟随别人的足迹，就会偏离自己人生的轨道。我们可以追求钱，但是幸福生活的标准本身并不是由那些富人们制定的。钱本身并没有错，错的是我们的态度。也许我们终生都不能够大富大贵，这并不意味着我们在自己平凡的生活中找不到幸福，找不到健康的身体、充满活力的心、相亲相爱的家人、志同道合的朋友。

许多人经常把自己拥有的视为粪土，把别人手中的东西一概视为珍宝，晕头转向地跟着人家跑，而随手丢掉自己拥有的非常珍贵的东西。

每个人都用自己独特的方式演绎人生，其中有得到亦有失去，每一分收获都必须有所付出，这种付出与得到的交换是否值得，是否能给自己带来幸福，每个人都有他自己的标准。

金钱固然可以买到许多东西，但不一定能买到真正的幸福。我们看看有的大款，守着一堆花花绿绿的票子，守着一幢豪华的洋房，守着一位貌合神离的天仙，未必就能咀嚼出人生的真正趣味。幸福不幸福同样也不能用手中的“权”来衡量。有了权，未必就能天天开心。我们常常看见有些人，为了保住自己的“乌纱帽”，处处阿谀奉承，事事言听计从，失去了做人的自由，哪里还有什么真正的幸福！

一个人无论地位高低贵贱、贫富美丑，最难能可贵的是明白自己追求的是什么，过着自己的生活，享受自己的幸福。这些幸福是自己的标准，就在自己身边，而不是来源于他人。

有的明星说：要能像普通百姓一样随便逛街吃饭多好啊！有的大款说：要能像农民那样天天呼吸新鲜空气、自由自在多好啊！可见，人不在活得富贵，而在于活得幸福。

人生感悟

有些人虽然十分富有、虽然高官厚禄、虽然荣华富贵，但他们在追逐名利的“战场”上却活得很累很累。人生不在于活得富贵，而在于活得幸福。

118. 不要活在别人的眼光里

世上许多人，因恐惧失败而灰心丧气，结果无法实现理想，成为不可救药的失败者。事实上，这些人，与其说恐惧失败本身，不如说“恐惧因失败遭受世人的批评”。多数人因过于恐惧世人的批评，特别是亲朋好友、传播媒体等的影响，无法过自己想要的人生，他们一辈子都在扮演“别人希望的角色”。

照他人期望的模式生活，牺牲真正的自我，是天底下最愚蠢的事。你要记住：最后为你的一生“付账”的只能是你自己。所以，何必太在意他人的看法，让他人来左右你的人生？

这世间，任何事情本来就不复杂，却因人的存在而复杂；人活着本来不累，往往是自己给自己加包袱。活着，不是活在别人的目光里，也不是活在别人的评论中。人是为自己的精彩而活着，是为自己的蓝图而活着。每个人都会有他个人的感觉，都会根据自己的想法来看待世界。所以，不要试图让所有的人都对你满意，否则你将永远也得不到快乐。

现实生活中我们也常常遇见这样的事情。当某人做了一件善事，引起身边同事们的注意时，会听到各种截然不同的评论。张三说你做得好，大公无私；李四说你野心勃勃，一心想往上爬；上司赞你有爱心，值得表扬；下属则说你在做个人宣传……总之，各种各样的议论，有的如同飞絮，有的好似利箭，一一迎面扑来。怎么办呢？最好的办法，就是抱着“有则改之，无则加勉”的态度。

别人说的，让人去说；别人做的，让人去做。嘴巴长在人家脸上，你想控制也控制不了。然而，绝不要被人家的评论牵住自己，更不要因别人的言语而苦恼。

人生感悟

不要试图让所有的人都对你满意，否则你将永远也得不到快乐。

119. 怨恨只会给自己留下伤痕

许多人在遭遇过背叛后，觉得只有以牙还牙、以毒攻毒，才能一泄心头之恨。然而，看看冲突中留下的伤痕，想想冲突后对亲人、朋友、同事、他人的伤害，一时的痛快又有何收获呢？更何况，人们不可能场场必胜。背负着自尊的伤害，在内心积聚愤怒、仇恨和复仇之火时，你可知道，烧焦的却是自己的身心，失去的是自己生活的快乐。

在憎恨他人时，你心里总是希望那人遭到不幸，而结果却又往往不能如你所愿，于是失望使你失去了往日的轻松和欢快；此外，在憎恨别人时，你会只看到他的短处，而在言语上贬低他，在行动上敌视他，结果使人际关系越来越僵。而且，今天嫉恨这个，明天嫉恨那个，你的朋友会越来越少。

既然“恨”于事无补，我们为何还要固执地坚持呢？如果你能宽恕别人、消除误会、化解矛盾，就能使自己始终处在良好的人际关系中，心情舒畅地工作、学习和生活。虽然，你宽恕的是别人，受益的却是自己。在人生的旅途上，相互宽恕的朋友一定能风雨同舟，相互宽恕的夫妻一定能百年共枕。如果你现在心中有太多的怨恨，请赶快抛掉它！你可以收集邮票、钱币，但不要收集怨恨！

| 人生感悟 |

生活中有许多事当忍则忍，能让则让，学会宽容，也就学会了爱自己。

120. 世上没有绝对幸福的人，只有不肯快乐的心

许多人会觉得幸福是一种很少为人们所获得的奢侈品。平心而论，幸福应是一种非常个人化的感受，一万个人可能就有一万种答

案。我们很难用量化的标准来判断一个人到底是幸福的还是不幸的。所以谈论幸福和欢乐的感受，难以用科学的方法来测定和判断。

另一方面，幸福是自己的事情，只要你愿意，你随时可以调换手中的遥控器，将心灵的视窗调整到幸福频道。

如果我们将全世界各种族的人口假设为一个一百人的村庄且按比例来计算的话，那么，这个村庄将有：六人拥有全村财富的89%——这六人均来自美国，八十人住房条件不好，七十人为文盲，五十人营养不良，一人正在死亡，一人正在出生，一人拥有大学文凭。

以此类推——如果今天早上你起床时身体健康，没有疾病，那么你比其他几百万人更幸运，他们甚至看不到明天的旭日；如果你从未经历过战争的危险、牢狱的孤独、酷刑的折磨和饥饿的滋味，那么你的处境比其他五亿人更好；如果你的生活十分安宁，没有任何被恐吓、暴行和杀害的危险，那么你比其他三十亿人更有运气；如果你有衣可穿，有房可住，那么你比世上75%的人更富有；如果你在银行里有存款，那么你属于世上8%最幸运的人；如果你父母双全，没有离异，且同时满足上面的这些条件，那么你的确是那种很幸运的人；如果你读懂了这篇文章，那么你不属于那另外的二十亿文盲。

掌握你心灵的，不是上帝，而是你自己。世上没有绝对幸福的人，只有不肯快乐的心。

人生感悟

幸福是自己的事情，只要你愿意，你随时可以调换手中的遥控器，将心灵的视窗调整到幸福频道。

121. 学会艺术地去生活

我们既然来到世上，就有充分的理由享受生命的快乐。但这并不意味着一定需要许多物质的支持，因为无论是穷人还是富人，他们在对幸福的感受方面其实并无太大的差别。享受生命快乐的简单且关键要素便是：学会艺术地去生活。

所以，即便你再忙碌，也应该把目光从“事业”上稍稍挪开，去关注一下路边正在抽芽的树木，窗台上正在吐蕊的花朵。夜里，不妨暂时推开桌上的文件，去仰望一下璀璨的星光。假日，也可约三五好友一道，来一次自行车旅游……

美国诗人惠特曼说：“人生的目的除了去享受人生外，还有什么呢？”生活本是丰富多彩的，除了工作、学习、赚钱、求名，还有许许多多美好的东西值得我们去享受：可口的饭菜、温馨的家庭生活、蓝天白云、花红草绿、飞溅的瀑布、浩瀚的大海、雪山与草原、遥远的星系、久远的化石……

此外还有诗歌、音乐、沉思、友情、谈天、读书、体育运动、喜庆的节日，甚至工作和学习本身也可以成为享受。

如果我们不是太急功近利，不是单单为着一己之利，我们的辛苦劳作也会变成一种乐趣，也会变为一种艺术。

人生感悟

享受生命快乐的简单且关键要素便是：学会艺术地去生活。如果人的一生过得很美，也是一种艺术。

122. 别人的隐私是不可踏入的领地

伊丽莎白一世是英国历史上一位著名的女王，她身边有一个叫罗伯特的宠臣，他外表英俊潇洒：棕色的头发，黑黑的眼睛，颀长的身体。罗伯特进宫时非常年轻，深得女王的宠爱，在很短的时间内，一跃而成为女王面前最吃香的人物之一，女王甚至深深地爱上了他。有一天，早上 10 点钟，那正是女王梳妆打扮的时间，他来到王宫，门口的侍女告诉他，女王正在梳妆，不宜晋见。罗伯特恃宠任性，他想什么时候见到女王就要在什么时候见到女王。于是，他不待通报，并不顾侍女的劝阻，径直闯进了女王的居室之中。

此时的伊丽莎白女王从床上起来，罗伯特的突然到来，使女王大吃一惊。

一个迟暮之年的女性，在这种时候是不愿让一个年轻的爱慕者看见她的，而罗伯特恰恰闯了进去。他也吃了一惊，他几乎认不出女王了。此刻的伊丽莎白除了女王的尊严以外，几乎没有一点动人之处，灰白的头发披散在脸旁，眼角和额头上有了微微的皱纹，双颊没有胭脂，眼睛的周围也没有光彩，平日那种耀人的奕奕神采荡然无存。女王看见罗伯特进来，虽然心中吃惊而恼怒，但还是不动声色地把手伸给他吻，并对他说，稍候一会儿就会见他。

罗伯特洋洋得意，以为女王对他百依百顺。可是他却是大大失算了。女王非但没有召见他，相反还下了一道御旨：罗伯特必须待在他的寝室里，不得踏出半步。罗伯特一下从座上宾变成了被软禁的囚徒。

就在罗伯特被软禁不久，即发生了苏格兰“叛乱”事件，伊丽莎白一世费尽心思，才平息叛乱。之后，她迁怒于罗伯特，将他判处死刑。1601 年 2 月的一天，罗伯特穿着黑色的囚服，从伦敦塔监牢里出来，走向恺撒塔的断头台。

罗伯特走向断头台时，恐怕还感到死得莫名其妙，其实这个得意忘形的贵族子弟，是个最不开窍的男人。因为作为女人的伊丽莎白一世，虽然身居高位，但她的心理和大多数女人一样，都崇尚美丽的外貌，尤其在自己喜欢的人面前，更是如此，总想以其耀人的风采来博取对方的青睐和爱慕，所谓“女为悦己者容”，她不能不关心自己的容颜，不能不关心自己在别人心目中留下的印象。当罗伯特退出寝宫之后，女王立即命宫女拿出一面镜子，当她看到自己在镜子里的憔悴模样，一股酸楚之感便涌上心头。须知伊丽莎白一世是个终身未嫁的女性，但她对婚姻又非常着迷，自然对异性敏感的程度又异于一般人。而她的讳莫如深的一面竟然让心爱的人看见了，这怎能不使她十分尴尬而耿耿于怀呢？

罗伯特的失误，在于他不懂得别人的心理。你应记住，隐私是绝不可踏入的领地。在与他人相互交往中，一些人自觉或不自觉地显得很谨慎，害怕别人窥见自己的隐私，这并不是不诚实的表现，而恰恰是一种自尊，是他应有的权利。作为女王来说，她之所以指定宫女梳妆，不准他人私入寝宫，这都是情理中的事。她也要保护自己隐私，连最心爱的人也不例外，而愚蠢的罗伯特竟然一无所知。女王之所以杀了罗伯特，也是出于保护隐私的需要，因为女王知道，罗伯特连这种私闯寝宫的没有教养的事都能做得出来，要这样的纨绔子弟守口如瓶是不可能的。

无论在什么情况下，你都要特别注意，不去触及别人的隐私，不能因为对方与你关系不错，而无所顾忌。所谓的亲密无间，实际上只不过是人们对彼此较好关系的一种形容罢了。实际上，亲密应该是有“间”的。哪怕是对最亲密的朋友，也要尊重别人的心理空间，不可以随便进入别人的“芳草地”。

人生感悟

你应记住，隐私是绝不可踏入的领地。无论在什么情况下，你都要特别注意，不能因为对方与你关系不错，而无所顾忌。

123. 生活中总有一个合适的位置属于你

人生总会碰到很多不如意的事。在这个时候，你应当换个角度考虑问题，重新去寻找自己的位置。因为方向稍有偏误，就会“差之毫厘，谬之千里”。如果这个位置不适合自己，就立即改换方式，重新去选择。迈克在求学方面一直遭遇失败，这令他的母亲很伤心。一天，当迈克路过一家正在装修的超市时，他发现有一个人正在超市门前雕刻一件艺术品，迈克立刻产生了兴趣，他凑上前去，好奇而又用心地观赏起来。不久，母亲发现迈克只要看到什么材料，必定会认真而仔细地按照自己的想法去打磨和塑造它，直到它的形状让他满意为止。母亲因此很着急，她不希望儿子玩弄这些东西而耽误学习。迈克不得不听从母亲的吩咐继续读书，但同时又从不放弃自己的爱好，他一直在想如何做得更好。迈克最终还是让母亲彻底失望了，他那糟透了的成绩使得没有一所大学肯录取他，哪怕是本地并不出名的学院。母亲伤心地对迈克说：“你走自己的路吧，没有人会再对你负责，因为你已经长大了！”迈克知道他在母亲眼中是一个彻底的失败者，因此，他很难过，决定远走他乡去寻找自己的事业。

许多年后，为了纪念一位名人，市政府决定在门前的广场上置放那位名人的雕像。众多的雕塑大师纷纷献上自己的佳作，以期望自己的大名能与名人联系在一起，这将是难得的荣耀和成功。

最终一位远道而来的雕塑师获得了市政府及专家的认可，在开幕式上，这位雕塑大师说："我想把这座雕塑献给我的母亲，因为我读书时没有获得她期望中的成功，我的失败令她伤心失望。现在我要告诉她，大学里虽然没有我的位置，但生活中总会有一个我的位置，而且是成功的位置。我想对母亲说的是，希望今天的我至少不让她再次失望。"

这个人就是迈克。在人群中，迈克的母亲喜极而泣。她知道迈克并不笨，当年只是她没有把他放对位置而已。

其实，唯有自己才知道自己真正想干什么，适合干什么，能干成什么。而且选择自己的道路，是你最基本的权利。所以你要认清自己，并找到你自己人生的坐标。

人生感悟

只要有一颗上下求索的心，一定会找到适合自己的位置的，专注地倾听内心的声音并去勇敢地尝试吧，人生有各种各样的机会，错过的不必后悔，后面还有很多，把握住一个就够了！

124. 人情债一定要还

你答应为别人做的事不要过多，因为你有可能不能一一兑现，一旦有一件事情落空，你就会不好交差。如果这样的事情发生两次、三次，你的形象就会在别人的心目中被人为地降低，别人会认为你这个人做事不讲信誉。久而久之，你的信誉将丧失殆尽，谁还会来尊重你，谁还会来帮助你呢？

自己能办的事，不要让人帮忙，免得让人说你无能；答应帮别人办的事，一定要尽力去完成，否则别人非但会认为你能力不够，还会觉得你没信用。别人愿意帮助你是一回事，你请求别人帮助则又是另一回事。另外，你也不要勉强别人做事。即使他们按照你的意图做了，别人心里也一定很不痛快，当然也不会尊重你了。

假如你能做到这一点，以这种心态和别人交往，你就不会欠人情债了。

但是，即使你不愿欠别人的人情债，在现实生活中你仍会不知不觉地接受别人的好处。人生就是这样，所以没有人情味的人往往会被别人说成是冷血动物，会遭到别人的冷遇和抛弃。

所以，有人有这种见解：至少，不要随便接受他人的好意帮助。以这种观点与他人交往，你的心里才能坦荡，才会毫无牵绊。

当然，最好还是将你欠的人情债还给他人，尽管要做到这一点会很不容易。不过，将来也许有一天，你会获得大大的回报。

同样，不是所有人都会积极去偿还欠你的人情债。不过，总是有人会还的。因此，有机会的话，你还是应该试着让别人欠你人情债，终有一天，你会连本带利收回来的。

人生感悟

自己能办的事，不要让人帮忙，免得让人说你无能；答应帮别人办的事，一定要尽力去完成，否则别人非但会认为你能力不够，还会觉得你没信用。

125. 我们老得太快，却聪明得太迟

我们要如何面对生活呢？我们不必等到生活完美无瑕，也不必等到一切就绪，想做什么，现在就做！我们要把每一天当做新生，要十分珍惜这每一天。

如果你十分爱一个人，就不要吝于表达。如果你的妻子想要红玫瑰，现在就买来送她，不要等到下次，并且真诚、坦率地告诉她你是多么爱她。如果说不出口，就写张纸条压在餐桌上：“我的生命因你而美好。”不要羞于表达，要好好把握！每个人的生命都会有尽头，许多人经常在生命即将结束时，才发现自己还有很多事没有做，有许多话来不及说，这实在是人生最大的遗憾。为了别让自己徒留“为时已晚”的余恨，我们就要掌握“当下”。往往有许多事，在你还不懂得珍惜之前已成旧事；有许多人，在你还来不及用心去爱时已成陌路。遗憾的事一再发生，但过后想再追回却已不可能。

一句格言说：“我们老得太快，却聪明得太迟。”不管你是否察觉到，时光都一直在流逝。人生并未售来回票，失去的便永远不再拥有。将希望寄予“等到那时才享受”，我们不知会失去多少可能握住的幸福……

人生感悟

人生并未售来回票，失去的便永远不再拥有。为了别让自己徒留“为时已晚”的余恨，我们就要掌握“当下”。

126. 活着就是为了那份责任

我们每个人跟世间都有着千丝万缕的联系，我们有自己的生活圈儿，有亲人，有朋友，有许多关爱我们的人。从呱呱坠地的那一刻起，我们的身上便盛满了殷切的希望。可以这样说，人的一生都是有责任的。父母抚育了我们，我们也不能辜负他们，更要奋发图强。

有人认为，生命是自己的，自己便可以想做什么就做什么，想怎么样就怎么样，其实不然。面对父母，我们应努力做好每一件事，不让他们失望；面对社会，我们要在这激烈的竞争中取胜，就必须有自己的一技之长；面对自己，我们应让仅有的一次生命更加有价值。

人生固然不应承载许多愁，但人来到世间也并不是纯粹去享受的。想让自己和家人幸福，就需要承担诸多责任，而且要做到最好。当然，一路走过，虽有汗水却不觉辛酸，而是甘甜，才是每个人都应该去实现的人生。白岩松曾说过："痛并快乐着！"我们也说："累并快乐着！"而无论是痛还是累，或是其他的身心体会，都将丰富我们的人生，是我们阅历的一种加深，是我们应去承受的。

在人生的路程上，我们的责任只有日益加重，而不会越来越轻。我们没有结婚时可以躲在父母的荫蔽下快活地成长，可是等到了自己组建家庭后，我们又成了孩子所依靠的一棵大树。那时，我们上有父母、下有儿女，生活的重担全靠自己挑起来。

有责任的人生是美好的，虽然有时也要经历一些挫折、忍受一些苦难，但因为责任，因为爱与被爱，我们的心中也充满了甜蜜和踏实！

人生感悟

人生固然不应承载许多愁，但人来到世间也并不是纯粹去享受的。想让自己和家人幸福，就需要承担诸多责任，而且要做到最好。

127. 幸福婚姻的秘诀

他正经历着一场痛苦的感情折磨，两个月前，昔日的初恋情人突然闯进了朋友平静的生活。久别重逢，他们双双跌入爱河而不能自拔。

然而，他们彼此都有自己的家庭。她有一个潇洒能干、对她爱到无以复加的丈夫；他有一个温柔贤惠、善解人意的妻子。他们都不能失去家庭，可也不愿就此分手。他们在一起不是为了寻求刺激和新鲜感，尽管有许多机会，但从未有越过雷池的念头。说不清究竟是为什么，他们只觉得在一起特别充实，特别美好，哪怕只是默默地注视对方。

通常人们是不大相信柏拉图式的精神恋爱的，但他的经历似乎在对人们的传统思维发起挑战。

不知他和其昔日的初恋情人，两人各自的家庭生活是否和谐幸福？至少有一点可以肯定：他和他的太太，她和她的先生在一起的时候，没有“特别充实，特别美好”的感觉，否则便不会引发生这段“婚外情”。这才是问题的症结所在。

有一部电视剧，女主角新婚之际，姑妈送她一个瓷盘，并说：“这是我保持了四十年的幸福婚姻的秘诀。”那盘子上有这样的几个字：忠实、尊重、爱。想想看，你的婚姻缺了什么？

| 人生感悟 |

经营婚姻就是责任，夫妻双方共同的责任。互相理解，互相宽容，互相珍惜，有难同当，有福同享，相濡以沫的夫妻才会幸福一生。

128. 不爱了就不要在过去的阴影中徘徊

有一个失恋的人，坐在沙漠里，不断地写着已经不再爱她的昔日恋人的名字。微风吹过，把她所写的名字吹散了，她仍旧继续地写着。女人的眼眶里充满了泪水，不论风怎样吹，她都一直继续写着……太阳已经西下到地平线上，女人孤寂的影子，落在荒无人烟的沙漠上。

像这个女人一样，我们每个人都有自己的情感经历。虽然爱情是双方的事，并不是一个人在昏暗的角落里唱着独角戏。可事实是，我们在这条路上总不免会被所爱的人伤害。有时，也会尝到失恋的滋味。

面对爱情，面对那个渐行渐远的背影，我们轻轻地松开手中的幸福，眼中却还是他（她）的影子。爱情是说不清楚的，分不清谁对谁错，谁赢谁输。只是，被淘汰出局的那个，可能是最痛苦的。

既然爱你的人已不再爱你，你也不必承受着感情的这份残缺。缘起和缘灭，你们的过去，已不能重写。而前方，也许还有一个人早就点一盏灯、沏一杯茶，为你守候多时了。

| 人生感悟 |

一棵树木最结实的往往是以前被砍伤的疤结，人生何尝不是如此呢？失恋很痛，却会大大地加深了你对人生的认识，在往后的日子里，你才会懂得更好地理解别人，珍惜爱情，所以塞翁失马焉知非福？

129. 爱情是从爱自己开始

不会爱自己，就不会爱别人，爱情是从爱自己开始的。有一个男孩儿爱上一个女孩儿，他决定向女孩儿求婚。

第一次求婚，女孩儿拒绝了。其实女孩儿是为了试探他是否真心，也为了自己的矜持。而男孩儿却哭了。男孩儿的眼泪让女孩儿突然间感到很失望。女孩儿说：你这么脆弱，这么不爱惜一个男人的坚强形象，我怎么敢嫁给你呢？

男孩儿没有动摇爱意，于是有了一年后的第二次求婚。这时他已“戒”掉了眼泪，变得很坚强。女孩儿出于谨慎，又拒绝了他。谁知男孩“扑通”一声跪在她面前，苦苦哀求。女孩儿更加失望了。她说，人生不知有多少比爱情更难征服的困难在等待着你，你打算一辈子跪着做人吗？你这么不爱惜自己的尊严，我怎么能嫁给你呢？

男孩儿仍然不死心，于是有了又一年后的第三次求婚。女孩儿为了作最后的考验，又拒绝了他。不料男孩儿“腾”地从怀里掏出一把匕首，寒光一闪，他的一根指头已经飞离了身体，男孩儿绝望的咆哮——你答不答应？

女孩儿彻底失望了。她对男孩儿说："我花了三年时间来启发你，却仍然没能让你真正地懂得爱情——你连自己的身体都不爱惜，你还会爱我吗？"

男孩子最终也没有追到女孩儿。

| 人生感悟 |

人生不知有多少比爱情更难征服的困难在等待着，你不会爱自己，就不会爱别人，爱情是从爱自己开始的。

130. 不要与小人争高下

俗话说"新鞋不踩臭狗屎"，在与小人打交道时务必考虑周全，最好不要与其发生正面冲突。论实力，小人并不强大，但他们没有道德底线，什么下三滥的招数都可能使出来。冲突起来，纵使赢了小人，也会付出代价，惹得一身腥。

"小人"随处可见，这种人常常是一个团体内部纷扰之所在，他们造谣生事、挑拨离间、兴风作浪，很是让人讨厌。所以人们对这种人不但厌而远之，甚至还抱着仇视的态度。

再坏的人也不愿意被人认为自己"很坏"，总要披一件伪善的外衣，而你偏要以正义之手，揭开他们的面纱，露出小人的原形，这不是故意和他们过不去吗？

小人成事不足，败事有余。如果你这辈子叫小人盯上了，那么肯定就麻烦大了。小人没有什么事好做，因此他可以专心致志地琢磨你，并把这当做事业。

另外，对于那些既不要脸，又不要命的小人，还是避一避为好。并不是你怕他，避开小人完全是因为你根本不值得把太多的精力浪费在一些毫无意义的事上。一旦把握不好自己的行为界限，得罪小人，他就会想方设法来算计你，破坏你的正事，分散你的精力，使你不能安心于工作、学习和生活。

人都是要脸面的，当面对小人挑衅的时候，也需要灵活应对。“宁得罪君子，不得罪小人”，可谓是待人处世中与小人打交道的至理名言。

人生感悟

不要与小人争高下，可能你身边的小人总是找你麻烦，看你不顺眼。但你不要因为这样就与他争执，要知道君子不与小人斗，否则你与小人又有什么区别呢？切忌与小人为伍。

131. 生命才是最大的财富

古代有个扬州人善于游泳。一天，他和村里的五六个同伴一起乘船到河对岸去办事。小船到了河中间的时候，突然漏了，水一个劲儿地灌进了船里。眼看船就要沉了，于是大家干脆就跳下船准备游到对岸去。这个扬州人虽然拼命地向前游，却游得很慢。

同伴问他：“你游泳比我们都强，今天是怎么啦，竟然落在了我们后面？”这个人十分吃力地说道：“我腰上缠着五百两银子，很沉，我游不动。”“赶快把它解下来，丢掉算了。”同伴们都劝他。可是他摇着头，舍不得扔掉这五百两银子。渐渐地这个人越游越慢，已经筋疲力尽了。

这时，同伴中的一些人看见这人马上就要沉下去了，于是就冲他大喊道：“快把钱扔了！你为什么这样愚蠢，连性命都保不住了，还要这些钱有什么用！”可是这个人终究还是舍不得这些钱。不一会儿，他就沉下去了。

这个扬州人到死也不明白，我们所追求的一切其实都是微不足道的，生命才是我们最大的财富。

人生感悟

我们可以允许财富进入我们的屋内，但永远不要让它主宰我们的心灵。

132. 人生的苦恼在于向往的太多

人生最大的苦恼，不在于自己拥有的太少，而在于自己向往的太多。向往本身不是坏事，但向往得太多，而自己的能力又不能达到，就会构成长久的失望与不满。托尔斯泰曾说过：“欲望越小，人生就越幸福。”有一个人想得到一块土地。地主就对他说，清早，你从这里往外跑，跑一段就插个旗杆，只要你在太阳落山前赶回来，插上旗杆的地都归你。那个人就不要命地跑，太阳偏西了还不知足。太阳落山前，他是跑回来了，但已经精疲力竭，摔个跟头就再也没有起来。于是有人就挖了个坑，就地埋了他。牧师在给这个人做祷告的时候说：“一个人要多少土地呢？就这么大。”

财富的危险之处在于，它蒙上了我们的眼睛，使我们看不到利害关系。爱财的人，往往任由自己的贪求之心泛滥。而贪求，是一种永无餍足的心理。

一位哲人说过："如果你一直觉得不满的话，就仔细想一想，即使你拥有了整个世界，一天也只能吃三餐，一次也只能睡一张床。"既然这样，我们就该结束为物质所奴役的生活，让生命拥有它独特的价值。

人生感悟

人生最大的苦恼，不在于自己拥有的太少，而在于自己向往的太多。如果你一直觉得不满的话，就仔细想一想，即使你拥有了整个世界，一天也只能吃三餐，一次也只能睡一张床。

133. 人情留一线，日后好见面

大凡下厨房的人都懂得，做菜时先要少放盐，因为味淡还可以补救，味咸则难以"妙手回春"。雕刻技法中有一个原则：眼睛要先刻得小一点，鼻子要先刻得大一些。眼睛小了，可以刻大；鼻子大了，可以刻小。这都是为了在进一步完善时，留有修改的余地。

待人处事，也需要留有余地。客家谚语说得好："人情留一线，日后好见面。"留有余地，是进退自如，是收放从容，是处世艺术，是人生哲学。不留余地，好比下棋的僵局，即使没有输，也无法再走下去。

确实，留有余地是一种美德，是一种智慧，是一份情怀。建筑楼群，要留有一些空地给绿树、给花草、给阳光、给空气；铺筑路面，每到一定的距离，便要留下“余地”，以免路面发生膨胀；书面“留白”，是给读者留下想象的空间；保护隐私，是给心灵留出一份隐秘的余地；保守批评，是给人留下改过自新的机会；含蓄表扬，是给人留下继续进取的动力。而如何留有余地，使之有空间有时间去思索、去领悟、去创新，则不仅是一种方法，更是一门艺术。

人生感悟

留有余地是一种美德，是一种智慧，是一份情怀。不留余地，好比下棋的僵局，即使没有输，也无法再走下去。

134. 在人生道路上，要多把自己看轻些

面对这个世界，每个人或多或少都有些自诩的地方，然而也少不了一些无奈。如果肆意轻狂，将一事无成。而看轻自己才是一种智慧，它并不是自卑，也不是怯弱，而是清醒。年长的人总是忘不了给那些踌躇满志的年轻人忠告：在人生道路上，要多把自己看轻些。这忠告，也许包含着几缕沧桑，但更多的却是对生活的一种超越。

著名诗人鲁藜曾说过：“还是把自己当做泥土吧，老是把自己当做珍珠，就时时有被埋没的痛苦。”在一个群体里，如果总把自己当做主角，别人不仅不会接受，反而会嘲笑你，现实会让你感到格格不入。只有把自己看轻些，才会不断否定自己，不断加强自身修炼；才会为别人的成功而欣喜，为自己的善解人意而自得；才会在各种挫折面前，镇定自若。当你从困惑中走出来，你会发现看轻自我是一种多么难得的境界：超凡脱俗，淡泊平和。

被称为美国人之父的富兰克林，年轻时曾去拜访一位前辈。年轻气盛的他，挺胸抬头迈着大步，进门时撞在门框上，迎接他的前辈见此情景，笑笑说："很痛吧！可是，这将是你今天来访的最大收获。一个人要想平安无事地生活在世上，就必须时刻记住低头。"不论你的资质、能力如何，对社会而言，你都是渺小的。要在生活中保持低姿态，把自己看轻些，把别人看重些，把奋斗的目标看重些。

人生感悟

能够看轻自己，是一种境界，善于看轻自己的人，不会自高自大，懂得只有努力奋斗，才能一步一个脚印地攀登人生的高峰。

135. 宁愿笑着流泪，不哭着说后悔

孔子曾说："不慎于前，而悔其后，虽悔无及。"每个人都知道悔恨的感觉是什么，也清楚地了解那种"事已至此，于事无补"的无奈。一个人会为已经做的事情后悔，也会为没做的事情后悔。许多事情总是想象比现实更美，相逢如是，离别亦如是，当现实的情形不按照理想的情形发展，事实出现与心愿不统一的结局时，后悔便产生了。生活中不知道有多少人，总是感到不开心但是又很无奈，不断抱怨自己当初的选择，常说这样一句话："如果能回到某某时候，让我重新来一回，我一定会过得比现在幸福！"

后悔是一种耗费精神的情绪，悔恨是一种无奈的绝望，痛彻心扉，是对自己做过的事情希望作不同的选择。后悔是比损失更大的损失，比错误更大的错误。幸福是一种赏赐，而后悔则是一种煎熬，一

种痛苦，更是一种惩罚！所以不要后悔！

电视剧《武林外传》里的佟掌柜，一遇到不开心的事情，总是哭诉说：“从一开始我就不应该嫁过来，如果我不嫁过来我的夫君就不会死，如果我的夫君不死我也不会沦落到这么一个伤心的地方……”没错，如果当初佟湘玉没有嫁过来，她或许还在过着千金小姐般无忧无虑的生活，但是她若真的没嫁过来，她还能遇到让她爱得死去活来的白展堂吗？

现在有许多人都后悔自己错过机会、做错事情，希望时光倒退，如果时光真能倒退，我们就会得到自己想要的吗？改变了选择，就一定会比现在好过吗？无法比较的事情，还有所谓好坏吗？

生活总有许多不如意，没有绝对的完美可选择，你必须现实地面对很多的无奈。如果已经做了，那就不要后悔。如果发现做了让自己有些彷徨，那么以后不要做。当我们因失误而后悔时，重要的是能在悔中求悟，弄清楚自己办错事的原因何在，今后应如何避免，这样的后悔才有意义，也不会陷入悔恨的泥潭。因为这种深思反省不是纠缠于过去，而是放眼今后怎样少做后悔事。患得患失，只会把自己弄得很糟糕。

人生是短暂的，别把时间浪费在后悔上了，赶快抓住下一个机会，不然又要后悔一次了。

人生感悟

后悔是比损失更大的损失，比错误更大的错误。幸福是一种赏赐，而后悔则是一种煎熬，一种痛苦，更是一种惩罚！所以不要后悔！

136. 精神世界的愉悦取决于内心感受

一个对都市文明极度反感的人，立志要到农村寻找自己的“精神世界”。于是他不顾家人的反对，来到了一个偏僻的山村。村中竹丛处处，流水潺潺，他被眼前的景色迷住了，惊叹世间竟有这样的仙境。天空一片湛蓝，河水清澈甘甜，小山一派翠绿，完全是书上所说的山清水秀。加上悠然从容、四处闲逛的鸡、鸭、牛、羊，整个就是一幅世外桃源的画卷！

他高兴极了，准备就在这个小山村里定居了，从而沉醉于象陶渊明一样的田园生活里。半个月过去了，他每天在这里走走，那里看看，新鲜感渐渐地淡了。

两个月过去了，他感觉到了不适应：每逢下雨，到处泥泞不堪，简直没法走路；家禽家畜们随地拉屎拉尿；一不小心就被不知名的虫子咬上一口，又痛又痒；因为没电，村里的人天一黑就上床睡觉；因为时令的关系，吃的菜翻来覆去就那几样……住了三个月，他开始用“穷山恶水”来形容这个山村了。

半年之后，他怀着一种无法忍耐的心情离开了这座山村，又回到了城市。

人生感悟

身边的一切时间久了就会看似平凡，但是不同的眼光看待不同的事物，是不同的，你只是用心去感觉，你会发现身边的一切都是那样的美好，那样的不平凡。

137. 生活的幸福在细细品味中

一位身有残疾的青年作家，经过十多年的奋力拼搏，写出了许多优秀作品，继而蜚声文坛。

当有人对他说："你如果不是残疾，恐怕会有更大成就。"不料，他却淡然一笑，说："你说得也许有道理，但我并不感到遗憾，因为如果我不残疾，我肯定早就当了工人，哪有时间坚持学习，掌握写作的技艺。从这个意义上说，我应该感谢上帝给了我残缺的身体，同时也给了我坚强的生活信念和立志成长的勇气。"

他说的信念和勇气，就是一笔可贵的精神财富。幸福感是一种财富，但这种财富多取决于主观感受。它直接与我们自己的心灵有关，而与世俗的一切没有什么必然联系。新鲜感和兴奋感都不能当做幸福。新鲜感和兴奋感都不过是一种燃烧，注定会转瞬即逝。

幸福感需要自己去品味才会抓住，不同处境的人自然会有不同的感受。饥寒交迫的人，能有衣穿有饭吃就是幸福；下岗待业的人，能找到一份工作就是幸福；正为失恋苦恼的人，能与情人破镜重圆就是幸福；迷路的人，忽遇热心的引路人就是幸福……

人生感悟

在快乐中享受生活，在悲伤中体会生活，在顺境中品味生活，在逆境中感悟生活。用一颗真正善与爱的心去生活，你才会生活得幸福与快乐。

138. 信心是实现梦想的动力

生活中，我们随时随处可以听到类似这样的话：“噢，我不行”、“我没有机会”、“我的工作能力不行”……其实，这些评价和断言都是我们强加于己的，都是缺乏信心的表现。一个人如果对于自身的能力缺乏自信，就无法使自己获得真正的成功，更不能得到真正的幸福。因为充满自信往往是导致成功的关键。

一般人都苦于缺乏自信，没有长远的梦想，所以常掉入自卑感中。因此，有必要变换你对自信的全面理解。通常，健全的自信，可使人受到激励而想出种种可行的方法及技巧。同时，“相信自己会成功”也会使别人对你产生信任和好感，这样会使你更容易达到目标。

一个拥有自信的人就会拥有很大的梦想，梦想是人类的特权和天性，自信者会展开梦想的翅膀，飞向精彩的未来，追求人生的成功。生活中，人们对梦想总是持一种鄙夷的、不屑的看法，但实际上每个人，都曾经如同雄鹰一般，拥有过翱翔天际的伟大梦想。

不论你期待什么，只要充满信心，充满梦想，那你就会实现你自己的目标。

在飞机发明之前，科学家认为飞行是不可能的；在麻醉药发明之前，医生们坚信无痛手术是不可能的；在原子弹发明之前，科学家相信原子是不可分裂的，原子弹的构想根本是无稽之谈。蒸汽机发明之前，拿破仑就曾无情地数落富尔顿说：“有没有搞错？先生，你要在甲板下生起一团火，让船能够乘风破浪地航行？对不起，我可没时间听你胡扯!”最后，富尔顿不但达到了目标，也因此发明了蒸汽机。

这些人不仅相信自己，相信科学，他们心里对未知世界更充满了梦想。

只要你的眼光看得够远，就一定能真正飞起来。

人生感悟

一个人如果对于自身的能力缺乏自信，就无法使自己获得真正的成功，更不能得到真正的幸福。不论你期待什么，只要充满信心，充满梦想，那你就会实现你自己的目标。

139. 让你筋疲力尽的往往是小事儿

在非洲草原上，有一种不起眼的动物叫吸血蝙蝠，它的身体极小，却是野马的天敌。这种蝙蝠靠吸动物的血生存。在攻击野马时，它常附在野马腿上，用锋利的牙齿迅速、敏捷地刺入野马腿，然后用尖尖的嘴吸食血液。无论野马怎么狂奔、暴跳，都无法驱逐这种蝙蝠，而蝙蝠却可以从容地吸附在野马身上，直到吸饱吸足才满意而去。野马往往是在暴怒、狂奔、流血中无奈地死去。

动物学家们百思不得其解，小小的吸血蝙蝠怎么会让庞大的野马毙命呢？于是，他们进行了一次实验，观察野马死亡的整个过程。结果发现，吸血蝙蝠所吸的血量是微不足道的，远远不会使野马毙命。动物学家们分析这一问题时，一致认为野马的死亡是它暴怒的习性和狂奔所致，而不是因为蝙蝠吸血所致。

在生活中，将人们击垮的有时并不是那些看似灭顶之灾的挑战，而是一些微不足道的、鸡毛蒜皮的小事。由于一些人不善于清点和梳理自己的工作与生活，分不清事情的轻重缓急，将大部分时间和精力无休止地消耗在这些鸡毛蒜皮的小事之中，或消耗在本该让他人做的事情上。在盲目的忙碌中偏离了自己的角色，最终一事无成。

伏尔泰说，使人疲劳的不是远方的高山，而是鞋子里的一粒沙子。在人生的道路上，我们很有必要学会随时倒出鞋子里那颗小小的沙粒。

那些看似不起眼的小事，如果你一味地计较，就会使你精疲力竭。生活中常常困扰你的，不是那些巨大的挑战，而是一些琐碎的小事。虽然这些事微不足道，却能消耗你极大的精力。

| 人生感悟 |

在生活中，将人们击垮的有时并不是那些看似灭顶之灾的挑战，而是一些微不足道的、鸡毛蒜皮的小事。

140. 不要被生活的假象所迷惑

世间有一个愚者向智者请教："尊敬的智者，请您用智慧之灯照亮我昏暗思想的天空吧，告诉我如何才能看到人间的真实？"

接着，他对智者诉说自己感到迷惑的一系列问题："我曾经在人生之路上艰难跋涉，然而后来我才发现，我始终走在一个表象的世界，而真实的石头却把我绊得一个趔趄接一个趔趄：当我第一次被她的甜言蜜语所迷醉，选择她做我的爱人时，第二次我却发现她用同样的语言在与别人约会；当一个脸上充满忧郁，衣衫褴褛不堪的路人从我身边经过，我欲把我的所有赠予他时，却发现他对我毫无所求，而真正有求于我的，却是一个西装革履脸上充满自信的人；当我把骂我的当做敌人，把朝我笑的当做朋友时，后来我才发现，欲将我推下悬崖的，正是那个朝我笑着的人。怯懦者在平时，为何有一个勇武的外壳？爱着我的人，为何偏偏不说爱我？明明有求于我，为何偏偏把一箱箱珍品奉送于我？人在我的身边，为何心却走了……啊，尊敬的智者，表象的世界实在令人迷惑，告诉我吧，我该如何，如何……”

智者回答道：“年轻人啊，我们用眼睛所看到的，无非是一团迷雾，往往遮住了我们应该用心来感受到的万物；我们用耳朵听到的，无非是些扰乱心灵的声响，往往歪曲了我们应该用心去把握的东西。因而，当你看到一个白发者和一个黑发者站在一起时，请不要在二者谁是老人的问题上妄下结论；当你看见一个人鲜血淋漓地躺在地上，一个人站在一旁无动于衷时，请不要贸然断定哪个是生者，哪个是死者；当你看见一个人在放声大笑，一个人在不停地流泪时，请不要即刻断定哪个是痛苦者，哪个是欢乐者；当你站在冰封雪冻的江面，身体被飘舞的雪花所环绕时，请不要以为明天还会是这样；当一个人送花给你，另一个送刺给你时，请不要急于断定哪个是亲你者，哪个是疏你者；当一个人声音颤抖，结结巴巴，一个人口齿伶俐，声调高亢时，请不要盲目判定哪个是懦弱者，哪个是勇敢者……”接着，智者感叹地说道：“离你而去者或许正是真心爱你者，送你珍宝者可能正是有求于你者；今天的幸福可能会成为明天的痛苦，闪烁即逝的或许正是永恒存在的……”

“我明白了。”痴愚者说。“在你对万事万物没有真正感悟之前，请不要说‘明白了’。”智者说。

| 人生感悟 |

可见的东西并不在于它们的皮壳，而在于它们的内核；世人之本并不在于他们的面孔，而在于他们的内心。

141. 不要盲从前人的脚步

一个人要穿过沼泽地，因为没有路，便试探着走。可好景不长，走不多远，不小心一脚踏进烂泥里，沉了下去。

又有一个人要穿过沼泽地，看到前人的脚印，便想：这一定是有人走过，沿着别人的脚印走，一定不会有错。最后，他也一脚踏空沉入了烂泥。

又有一个人要穿过沼泽地，看着前面两人的脚印，想都未想就沿着走了下去。他的命运也是可想而知的，最后也一脚踏空沉入了烂泥。

又有一个人要穿过沼泽地，看着前面众人的脚印，心想：这必定是一条通往沼泽地彼端的大道，看，已有这么多人走了过去，沿此走下去我也一定能走到沼泽的彼端。于是大踏步地走去，最后，他也沉入了烂泥。

| 人生感悟 |

在没有把握的情况下盲目试探叫做鲁莽；在不能确认的情况下盲目相信叫做轻信；在未知的道路上没有考虑危险的存在叫做大意；以

为别人做的都是对的叫做盲从。

142. 当人生遭遇不顺

有一个年轻人，在路上与他在求学时期的老师巧遇，老师关心地询问年轻人的近况。年轻人将自己从离开学校到进入目前的公司之后，所有遭遇的不顺利情形，一五一十地对老师尽情倾诉。

老师耐心地听着年轻人的抱怨，好不容易等到年轻人告一段落，才点点头说："看来，你的状况似乎不是十分理想。不过，重要的是，你有没有想过要改变这种现状，让自己过得好一点呢？"

年轻人急忙回答："我当然想要过得更好呀！老师，有什么诀窍吗？"老师神秘地笑了笑："的确有诀窍，你明天晚上若是有空，到这个地址来找我！"说着，老师递了张名片给年轻人。

第二天晚上，年轻人来到老师的住处，那是在市郊的一处简陋平房。老师看到年轻人，高兴地在屋外摆了两张凉椅，要年轻人坐下来陪他聊天、看星星。老师扯东道西地和年轻人聊了半晌，年轻人毛躁起来，急着要老师告诉他，如何方能使自己过得更好。

老师微笑着指着天上的星星说："你可以数得清天上有多少颗星星吗？"年轻人抓了抓头："当然数不清了，可这和我有什么关系？"老师望着年轻人，语重心长地道："孩子，在白天，我们所能看到最远的东西，是太阳；但在夜里，我们却可以见到数不清的星星。我知道你的处境不顺利，但若是年轻时便一帆风顺，终其一生，也只不过看到一个太阳；重要的是，当你的人生进入黑夜时，你是否看到更远、更多的星星？"

真正考验我们的，是逆境。逆境仿佛是人生的黑夜，但是，即使漆黑一团的夜晚，也仍然会有生机在。一帆风顺的生活固然很好，只是有些单调；遭遇逆境，遭遇黑夜，让我们感受到了生活的其他方面，也让我们向往光明，更珍惜现在。

143. 忙与闲有机结合的生活最惬意

生活是由忙与闲共同构成的。忙与闲是生活的两个不同方面，两者是统一的。但忙与闲又同时是一对矛盾体。忙，就不闲；闲，就不忙。忙时想着闲，闲时想着忙，忙的人总是很忙，闲的人总是很闲。忙有忙的好处，闲却有闲的滋味。人生在世，忙可以使人过得很充实，很有价值，很有意义。因为只有忙，才能有所进取，有所作为，有所成就，这是闲所不能得到的；闲，则可以使人过得很轻松，很自由，很有情趣，这又是忙所不能得到的。可以这么说，忙是创造生活，闲就是享受生活。

人不可不忙，不可太忙；人不可不闲，不可太闲。

人如果太忙，神经就会紧张，容易心烦意乱，身心疲劳，就没有时间冷静地思考问题，更没有时间享受生命和生活。日本人可以说是世界上最忙碌的，有将近 2/3 的日本人平均每天工作 10 小时以上，一年的休息时间不到 10 天。由于工作太忙太紧张，许多人患有高血压、心脏病、胃溃疡等疾病，国民健康状况已亮起红灯。死亡的日本男性中有 10% 是被累死的。

人如果太闲，神经就会松弛，就会感到无所事事，空虚无聊，要么变得懒散，要么贪图享乐。纨绔子弟，浪荡公子，无一不是有闲阶级。他们有花不完的金钱，有的是时间，有的是精力，无须为生存而忙碌，无须为幸福而努力。他们在花鸟虫鱼、风花雪月中消磨岁月，放纵自己的灵魂。

忙中有闲和闲中有忙，是生活节奏张与弛的最佳结合，是时间安排紧与松的合理利用，是精力体力聚与散的优化状态。

忙，有利于创造生活；闲，有利于调剂生活。生活需要调剂，调剂生活有利于创造生活。

忙的时候，就应该专心忙，认真工作，讲究效率。如果忙的时候，老是想着闲的乐趣，是不会有什么效率的。闲的时候，就应该专心闲，如逛街、郊游、听音乐，等等。如果闲的时候，老是惦记着没忙完的事，是不会有什么乐趣的。

所以，忙与闲应该有机结合。在人生之路上踏着和谐的生活节奏前进，才有利于工作和身心健康。如果顾此失彼，本末倒置，不仅会影响工作效率，也会影响生活质量。

人生感悟

忙中有闲和闲中有忙，是生活节奏张与弛的最佳结合，是时间安排紧与松的合理利用，是精力体力聚与散的优化状态。

144. 别把打开快乐之门的钥匙放在别人那里

每个人心中都有把“快乐的钥匙”，但我们却常在不知不觉中把它交给了别人去掌管。

一位女士抱怨道："我活得很不快乐，因为，我的先生常出差不在家。"她把快乐的钥匙放在了自己先生的手里。

一位妈妈说："我的孩子不听话，叫我很生气！"她把快乐的钥匙交在孩子手中。

男人可能说："上司不赏识我，所以我情绪低落。"这把快乐钥匙又被塞到老板手里。

婆婆说："我的媳妇不孝顺，我真命苦！"她把快乐钥匙放在了儿媳妇的手中。

年轻人从文具店走出来说："那位老板服务态度真恶劣，把我的肺都气炸了！"这把快乐钥匙已被他放在文具店老板的手中。

你的快乐的钥匙又放在哪里呢？

| 人生感悟 |

在我们身边，不论是周围的人、事还是物，都很容易影响到我们情绪的起伏。此时，千万别忘了：决定我们内心快乐与否的，正是我们自己。一个成熟的人能把握住自己快乐的钥匙，他不期待别人使他快乐，反而能将快乐与幸福带给别人。

145. 心若有尘天地窄，眼中无物众生亲

凡事看淡些，心放开些就是"大彻大悟"。人生充满变数，不要去过分地苛求，不要有太多的奢望。在最失意之时，要学会冷静，等时间来消除冲动情绪，在最得意之时，要学会内敛和谦虚，修身养性方能有所作为。既然上天不偏爱于我，既然已经争取却还是不曾得

到，又何必去强求呢？别人声名显赫，而自己却平平庸庸。殊不知，世界上众生芸芸，大部分是平凡的人。正是这么多凡人，才衬托了伟人的伟大。若这世上没有了平凡的人，那些平凡琐碎的工作谁去做？没有了一辈子平平凡凡的农夫，粮食从哪里来？因此，平凡中自有一种伟大。

命里有时终须有，命中无时莫强求。金钱、权力、名誉都不是最重要的，最重要的是应该善待自己，就算拥有了全世界，随着时间也会烟消云散。到死的那一天，你还是赤条条的去，带不走一草一木。能豁达地这样想，就不会再为自己平添那些无谓的烦恼了。内心如果足够强大，外在永远不会把你打倒。不因一时的成功和失败而妄自菲薄，无论何时都要保持一种豁达淡然的心态。

人就这么一生，所以让我们从快乐开始。我们无法控制自己的生与死，很多时候，外在世界我们无力去改变，但我们应庆幸自己拥有了这一生。做能做的，做该做的。做错了，不必后悔，勿要埋怨，人生在世，谁都不可能一帆风顺。跌倒了，爬起来从头再来。不经历风雨怎能见彩虹，吃一堑，长一智，相信下次会走得更稳当。

人不可能事事顺心，豁达者自适。豁达是一种从容，是一种进取，是智者的人生态度；是顺其自然，不抱怨，不焦躁，不自弃，不强求；是把握机缘，不悲观，不过度，不自欺，不忘形。豁达是一份人生的成熟，是人生至境。豁达是一种人生态度，是找到内心平衡点的一种方式，顺其自然，随遇而安。看轻外物，才能真正享受生活，得到快乐。

人生感悟

不要幻想生活总是那么圆圆满满，也不要幻想在每天都能像春天那样温风和煦，阳光明媚。每个人的一生都注定要跋涉沟沟坎坎，品尝苦涩与无奈，经历困苦与失意。不经历风雨，怎么见彩虹，也正是经历了风雨，才显得彩虹的弥足珍贵。

146. 弱水三千，只取一瓢

从前，有这样一个大财主，他在乡下拥有上千亩的土地，在城里有多处院宅，他开了多家药铺、酒庄、杂货铺，是整个县城最富有的人。他又有一个精明能干的儿子，帮他打理着一切生意，收租、进货、算账……一切都不用他操心，他需要做的只是每天晚上听儿子来给他报账，听听自己每天又进账多少。

大财主每天的生活很奢侈，吃的是山珍海味，穿的是绫罗绸缎，住宅也是富丽堂皇。全家上上下下的仆人都得听候他的调遣。可是即便这样，他还是每天闷闷不乐，你若是问他在为什么发愁，那他的牢骚可多着呢。他担心家里的仆人偷东西，因为有次他在院子里看到一个仆人慌慌张张地走过去，神色很可疑。他马上叫住他，即便从他身上什么也没有搜到。可是他还是怀疑他早已把赃物藏在了哪里；他还担心他的管家不忠诚，因为他的管家太精明了，尽管自己的儿子也不笨，可是毕竟那么多的生意，总有纰漏的时候，他觉得他的管家肯定在哪些地方做了手脚，每天都要从他的进账里面捞去一把；他又担心他百年之后，没有人再去监督他的儿子，怕儿子会不学好把家产败光……可怜的财主每天都是闷闷不乐，操心着这担心着那，再美味的佳肴也吃得索然无味。

有一天，他在街上转悠的时候，看到一个卖豆腐脑的小伙子。他乐呵呵地一边帮人盛着豆腐脑一边唱着欢快的歌。财主便走上前，问小伙子：小伙子，你为什么这么快乐？小伙子疑惑地看着财主，回答道：老爷，我为什么要不快乐啊。我每天卖豆腐脑挣的钱够自己吃饭够自己住宿，我家里就我一个人，我一人吃饱全家不饿。财主一听，说：可是，你想过娶媳妇吗？你没有想过自己开个小店吗？你这样风吹雨淋的很辛苦啊。小伙子一听，想着财主说的也对，他苦恼地对财主说：可是我没有本钱啊。财主听了以后，答应以比较低得利息贷给小伙子十两银子，让他作个本钱来开小店。让小伙子第二天去他的柜上支取。

财主走了以后，卖豆腐脑的小伙子就没有心思唱歌了，他在想十两银子的问题。想着财主说的是不是真的，想着十两银子他该怎么计划。就这样，那天晚上，他彻夜未眠。

第二天一大早，他果然到财主的柜上支取了十两银子。可是这时他又发愁了：十两银子做个小生意似乎有点不太够，万一赔了怎么办？虽然利息是比较低，可是毕竟也是每天都要还利息的啊？算了，要不然把银子还给财主吧？可是有多少穷人求爷爷告奶奶也贷不来十两银子啊？要是还回去肯定过一辈子也没机会做个小买卖，没机会娶上媳妇了……

从此以后，人们再也没听到过小伙子快乐的歌声。

佛家有云："不知足者，虽富而贫；知迁之人，虽贫而富。"这个财主本来应该是快乐的，因为他已经拥有那么多东西，就是因为他不知足，所以他快乐不起来。小伙子本来生活艰苦，但他能知足自乐。而后来的情形却不同了，也就是心起了贪念，便再也快乐不起来。

人生感悟

欲望是幸福的最大障碍，生活中时常感到不如意，多半也是因为欲望太多，贪欲之心太重。所以才会生出种种苦恼。佛经说："多欲之人，多求利故，苦恼亦多。”就是说，我们囿于种种的欲望，追求的东西太多，才产生了诸多的烦恼。

147. 别做苦恼的完美主义者

完美主义者常常感到苦恼，他们给自己和他人设定一个很高的标准，非要达到不可，一受到挫折就会感到痛苦。其实世间根本没有完美的事物，只有放弃完美你才能品尝到生活的真滋味。

某著名贸易公司的总经理就是这样的人，虽然他们公司的销售还不错，但离他的高标准有些差距，他不能忍受，跳楼自杀了。有位软件设计工程师在编程序时要求自己像写古诗一样把字节写得都一样长，结果他日日夜夜地苦思冥想，工作效率和成果可想而知。完美主义的人往往不愿意接受自己或他人的弱点和不足，非常挑剔。有的人没有什么好朋友，总也找不着对象，和谁都和不来，经常换单位，为什么？那是因为他谁也看不上，甚至会因为别人的一些小毛病，而忽略了别人的主要优点；有的人不允许自己在公共场合讲话时紧张，更不能容忍自己紧张时不自然的表情，一到发言时就拼命克制自己的紧张，结果越发紧张，形成恶性循环；有的人不允许自己身体有丝毫不舒服，经常怀疑自己得了重病，经常去医院检查。其实，每个人都有缺点和不足，都会有紧张、不适的体验，这是正常的表现，必须学会接受它们，顺其自然。如果非要和自然规律抗拒，结果必然会适得其反。

完美主义的人表面上很自负，内心深处却很自卑。因为他很少看到优点，总是关注缺点，总是不知足，很少肯定自己，自己就很少有机会获得信心，当然会自卑了。不知足就不快乐，痛苦就常常跟随着他。学会欣赏别人和欣赏自己是很重要的，是使人更进一步实现下一个目标的基石。

完美主义的人容易只顾细节而忘记了主要目标，让别人觉得他捡了芝麻丢了西瓜。工作常常因此而没有效率。

其实人生从来不曾完美，人生就是这样子，永远是缺憾的。佛学里把这个世界叫做“婆娑世界”，翻译成中文就是能忍受许多缺憾的世界。人世间本来就有诸多缺憾，不完美才是完美，太完美了就是缺陷。

| 人生感悟 |

没有人是完美无缺的，这是一个令人宽慰的事实，认清了这一点，你就能够笑对缺憾，一天天变得快乐起来！

148. 即使再出色也别把自己当回事

一只骆驼历尽千辛万苦穿过了沙漠，一只苍蝇趴在骆驼背上，一点力气也不花，也过来了。苍蝇讥笑说：“骆驼啊，让你受累了，谢谢你辛苦把我驼过来。再见！”骆驼不屑地说：“你在我身上的时候，我根本就不知道，你走了也没必要跟我打招呼，你根本就没有什么重量，你别把自己看太重，你以为你是谁？”

生活中我们也时常犯看重自己的毛病。有人老把自己当人物，老拿自己当领导，老把自己当富翁，老以为自己是情圣，老是自我感觉良好。别人给点阳光他们就灿烂，给点洪水他们就泛滥，给个媚眼他们就添乱。如果别人不把他们当回事，他们心里就酸溜溜的。

可是，你是谁呢？你对对方真的有那么重要吗？

你想没想过，很多的烦恼都是源于我们太在意自己了。也许在我们自己看来是天大的事情，在别人眼里不过是一粒尘埃，过眼云烟罢了，也许是你把自己看得太高太伟大太优秀太好了……而事实上，你根本没那么重要！这虽然很令人难堪，却常是事实。

这个世界上，每个人都很重要，但是离了谁地球都照样转。我们要学会认识自己，千万不要把自己看得太重。不要总以为自己是这个世界上最不应该被忽视，而又最被忽视的人，如果真是这样，那么，你有可能是最容易受到伤害的人，而“罪魁祸首”就是你自己。

不把自己看得太重，就不会失重；不把自己看得太高，就不会失落。用一种平衡心态对待周围一切，你就会永远快乐。

人生感悟

不要总以为自己是这个世界上最不应该被忽视，而又最被忽视的人，如果真是这样，那么，你有可能是最容易受到伤害的人，而“罪魁祸首”就是你自己。

149. 不要对自己的幸福视而不见

有两只老虎，一只在笼子里，一只在野地里。在笼子里的老虎三餐无忧，在野地里的老虎自由自在。笼子里的老虎羡慕野地里的老虎的自由，野地里的老虎却羡慕笼子里的老虎的安逸。一天，一只老虎对另一只老虎说：“咱们换一换吧。”另一只老虎欣然同意了。于是，笼子里的老虎走进了大自然，它高兴地在野地里四处奔跑。野地里的老虎住进了笼子，他舒适地享用着送到笼子里的美食。但是，不久之后，两只老虎都死了，一只死于饥饿，一只死于忧郁。

走出笼子的老虎获得了自由，却没有同时获得捕食的本领。走进笼子的老虎获得了安逸，却没有同时获得在狭小空间生活的心境。

人生感悟

正如《围城》中的那句话：城里的人想冲出来，城外的人想冲进去。许多时候，人们往往对自己的幸福视而不见，却对别人的幸福浮想联翩。其实，别人的幸福可能并不适合自己。

150. 必须明白自己真正的需要是什么

有一位朋友在法国旅游。一天，朋友漫步到法兰西剧院附近，远远地就看见了莫里哀的纪念像，他一边仰头向大师行注目礼一边走过去，走到跟前的时候，才发现大师雕像脚下有一个乞丐。

那是一个典型的欧洲乞丐：金色的头发蓬乱，胡子拉碴，穿着厚厚的夹克和牛仔裤。时间尚早，乞丐显然也刚到，正在细心地摆他的摊。只见他跪坐在足有双人床那么大的薄毯上，一样一样地摆弄他的家什：番茄酱、芥末酱、蛋黄酱、醋……还有许多种朋友叫不上名字的东西，但看上去多数是调料。他那个认真、细心的样子，就像在搞艺术品展览一样。发现有人在看他，乞丐抬头冲朋友友善地一笑，天真亲切，朋友大着胆子用英语跟他打了个招呼。他继续一笑，算是回答。于是，朋友又问他："你有那么多东西了，还要什么呢？"乞丐开心地大笑，双手一摊，比画着他的家当说：“我得要到每天的面包呀!”

是啊，尽管他已经拥有了那么多东西，可他仍得“要到每天的面包”，因为对他而言，只有面包才是最重要的，只有面包才是他每天必需的东西。

有时候，我们费尽心机得到了很多东西，可那些都不是我们真正想要的，或者说不是我们必需的。我们需要的也许只是一块面包而已，就像那个乞丐，他缺的只有面包，如果没有面包，他拥有的所有一切都是多余的。

在我们人生的旅途上，我们必须弄明白：我们真正需要的是什么。只有知道了自己想要的是什么，我们的人生才会有方向，才会更容易成功。知道自己想要什么的人，比什么都想要的人更容易成功。

人生感悟

有时候，我们费尽心机得到了很多东西，可那些都不是我们真正想要的，我们必须弄明白：我们真正需要的是什么。只有知道了自己想要的是什么，我们的人生才会有方向，才会更容易成功。

151. 给自己一个准确的定位

有一则古老的寓言：

从前，有一只生活在丛林中的小老鼠，总是觉得自己的生活中充满了失败，既没有漂亮的外表，又没有足够的本领，而且还要时刻受到来自于猫的威胁。为此，它恳求神的帮助，让自己变成一只猫。神被它的诚意所打动，就满足了它的这个愿望。

变成了猫的小老鼠非常得意。可很快地，它又发现了新的问题，原来猫惧怕的是狗。于是它又去恳求神，把自己变成了一只狗。可狗却是怕狼的，于是它又变成了狼。就这样，这只小老鼠变来变去，最后竟然变成了大象，这个最强大的森林之王。

就在它为自己的这一变化感到心满意足的时候，却惊讶地发现，原来大象也有自己害怕的动物，而且这种动物竟然就是老鼠！没办法，它只好又去恳求神，让自己重新变回一只老鼠。

人生感悟

自我定位是我们人生和事业的指向标，错误的自我定位会使我们迷失自己，失去前进的方向。成功的人在于能够找准自我定位，发挥自己的优点与特长，从而取得事业的成功。

152. 人生要学会承受

对人生的幸福和苦难而言，没有超越自我的气概，内视自守的精神品质，就不会在苦难的胁迫下，保持一个谈笑自如的自我；没有对世情的彻悟，就不会在幸福的裹挟下，保持一个恬淡平和的心境。一个真正能够迎接和承受各种人生挑战的人，绝不是气量狭小的平庸之徒，他可能会忧郁，但灵魂的天空不会黑云压城；他也许兴奋，但热泪盈盈中他不会因此迷失方向。

一个善于承受、能够承受的人，人生的步履往往显得沉稳，人生也因此丰富和深厚。承受了失败的阳光，就有了鲜花硕果；承受了巨浪，就有了登临彼岸的放松释然；承受了炼狱之痛，就有了获得新生的欢乐和感悟。承受了结果，是一种对灵魂的提升，道德的修炼，能量的聚集。每一次承受，无不宣泄和张扬着深厚博大的人格魅力。

承受是一种精神，是人生苦涩而美丽的一番心境。不论你愿意与否，生活本身决定了我们终将是山、是海，是那只踽踽独行、默默跋涉的戈壁骆驼，终将以胸怀以肩膀去承受生活的各种压力。

生而为人，我们需要承受，必须承受。

人生感悟

一个善于承受、能够承受的人，人生的步履往往显得沉稳，人生也因此丰富和深厚。

153. 人生随时都可以开始

人生就是不断重新开始的过程。新的开始，新的希望，一片新的天空。今天是一个结束，又是一个开始。昨天的成功也好，失败也罢，今天都可以重新开始，重新开拓自己的人生。昨天失败了，不要紧，今天忘了它，总结失败的教训，继续新的努力。即便昨天是成功的，今天依旧要重新开始，在成功的基础上继续努力，争取更大的进步。

每当我们在事业上遭到挫折而走向低谷的时候，我们应该告诫自己：振作起来，重新开始；每当我们在学习中遇到失败而榜上无名时，我们应该告诫自己：振作起来，重新开始……

我们就这样不停地反反复复着，不断努力着，重新开始我们的人生，不在失败的阴影下悲观失望，努力进取，完善着自己的人生。

人生的道路是曲折坎坷的。我们有过成功，也有过失败；有过快乐，也有过痛苦；有过狂风暴雨的摧残，但也有过艳阳高照的沐浴。所有这些在经过沉淀以后都会变成一笔财富。有了这笔财富，人生随时都可以重新开始。

重新开始人生，是对我们生命精彩的进一步诠释：

重新开始人生，意味着之前的结束，重新确立目标，更因此而努力地奋斗。

重新开始人生，告诉我们将忘却所有的悲哀与不幸，在悲哀与不幸中学会了沉着与机敏。重新开始人生，生命从此璀璨夺目，不再默默无闻。重新开始人生，生命不再沉重，在人生的行程中得到宝贵的人生经验，从此在以后的道路上经验更加丰富。

重新开始人生，我们要好好地把握好我们剩余的命运，不要再让机会从我们的手中悄然溜走！

在人生的道路上，难免会犯这样或那样的错误，但是应该看到有多少人在经过了一次又一次的失败后重新开始，做出了惊人的成就。昨日的一切，辉煌或黯淡、成功或失败，都让它随风而去吧，只要你愿意，人生随时都可以开始！

人生感悟

生命的起点只有一次，而人生的起点随时可以开始。成功不分先后，把握现在，每一天都是我们人生的起点。

154. 最宝贵的不是你拥有的物质，而是陪你在身边的人

珍惜爱你的人，珍惜在你身边一直保护你，一直把你当宝贝的人。正如佛教所说的当下，如微尘般聚散的世间，每一刻都变幻无常，你所拥有的，不过当下而已，一直陪你在身边的人。那个人可能有点啰嗦，有点小题大做，有这样那样的让你不满。但那个人真的很珍贵。他在你身边的时候，你以为自己得到的爱护都是理所应当的，很少意识到他的重要，有时候和他任性和他发脾气，有时候会觉得厌倦，有时候会觉得缺少激情，当再没有他在你身边唠叨，没有人管你，没有人在乎你的病痛时，突然发现，失去的那个人是自己一直最爱的人。

人往往这样：已经拥有的东西，很少会再去追求，甚至很少懂得珍惜。而且认为那是理所当然的，是我们应当得到的，是别人应当付出的。只有还没得到的东西才会拼命地去追逐，有了追求和渴望，就会有快乐和幸福，也会有沮丧和失望。经过了沮丧和失望，我们才学会了如何去珍惜。

面对身边的人，我们总以为还有大把的时间，伤害了他们，也以为总还有机会去弥补。其实，我们能伤害的，也只有那些爱我们关心我们的人，与我们毫不相关的人，谁又会在乎你说什么话，做什么事情？

其实不止关乎亲情，关乎友情，爱情……我们总是喜欢去追寻看不到的感情，却学不会珍惜身边的那份真情，总认为得不到才是最好

的，殊不知身边的才是最好的。就像张爱玲在《红玫瑰与白玫瑰》中写的那样：也许每一个男子全都有过这样的两个女人，至少两个。娶了红玫瑰，久而久之，红的变成了墙上的一抹蚊子血，白的还是“床前明月光”；娶了白玫瑰，白的便是衣服上的一粒饭粘子，红的却是心口上的一颗朱砂痣。

古人云：劝君莫惜金缕衣，劝君惜取少年时。花开堪折直须折，莫待无花空折枝。人生，最宝贵的不是物质，是美好的时光，是陪在你身边的那个人。不要等到失去了才真正懂得去珍惜。

人生感悟

幸福不是物质，不是状态，而是一种领悟。物质是生活的必需，很重要，但有时候，所在乎的那个人在身边的陪伴，更弥足珍贵。

155. 放下名利的缰锁，找回迷失的自我

在喧喧嚷嚷的尘世中，我们心灵上的某些最宝贵的东西似乎早已丢失，或许它们早已被遗失在了纷纷攘攘的世俗喧嚣之中，若想找回它，就要舍得放下，放下那颗追求名与利的心，放下尘世的忙忙碌碌，放下那份躁动不安，还原那颗最美好纯真的善心、真心。

在佛家的眼里，大千世界不过是镜花水月，名利尽是衣冠冢，舍去自得逍遥中。而现实生活中，我们常常有这样的感觉，在大自然中，本来感觉一切都是那么美好，可是一走进闹市区，我们原本悠闲的脚步也不由自主地加快了。或许身边的人只是不小心踩了一下你的脚，或许只是某个大妈买的菜碰到了你的白衬衫。尽管他们已经道

歉，可是或许是那嘈杂的环境下，污浊的空气让你失去了原本的优雅，又或许他们对这样的事情习以为常，道歉不是那么诚恳，于是，你爆发了，可是对方也是不依不饶，于是一场骂仗就开始了。在别人鄙视的目光中，你觉得自己太委屈了……这时，先前的轻松心情顷刻间烟消云散。纷纷扰扰的人世中，我们就这样不知不觉中迷失了自己。

时下，还有几个人愿意吟唱“采菊东篱下，悠然见南山”的诗句，有几个人能找着迷失在滚滚名利场的自我。有的人成天名利缠身，何有自我？自我在哪里？迷失的自我又何处去寻找？我们就是这样常常追逐着快乐，却总放不下自己心中的欲望。其实，寻找迷失的自我，迷失的快乐是简单的。难道不该以有一个健康的躯体而快乐，有一份安稳的工作而知足，有一个温暖的家庭而幸福。快乐是一种心情，一种顿悟之后的豁然开朗，一种重负顿释之后的轻松如意，一种云开雾散后的阳光灿烂，更是一种人生练达的哲理与智慧。它就在我们每一个平凡人的平凡生活里。

人生苦短，岁月易老。欲望太多，生命该如何承受重负，人生又怎能获得快乐呢？因此，在人生的旅途，追求一种淡泊心境，坦然面对生命给你的赐予，包括所有的磨难和不公，用平和淡定的心态去看待社会现实中的一切。做一个真实的自我：无须虚伪，无须逢迎，无须圆满。认认真真做事，踏踏实实做人！懂得放下的人，事情再多，只捡最重要的完成；懂得放下的人，绝不会为了金钱、名利、荣誉这样的身外事物，牺牲自己的健康、幸福，还有快乐。

人生感悟

忙碌与对名利的追逐会使人迷失自我，忘记人心的本质，忘记生命的意义，使人丧失了生命中最纯真美好的情感。是时候了，放下这些令人迷惘的事物，放下这个世间的喧嚣与浮华，放下那颗追逐名与利的心，找回最真实的自己。

156. 有种幸福叫忘记

关于爱情，有一个美丽的传说：当人离开这个世界，走向阴间的时候，必须经过一个叫奈何桥的地方。奈何桥边住着一个叫孟婆的人。人死后都要先到她这里喝上一碗孟婆汤，然后才能进入阴间，而这种汤在喝下之后会忘却一切。忘记一切忧愁，忘记一切憎恨，忘记一切不愉快的东西。忘记了忧愁，也就没有了忧愁，可以舒展紧皱的眉、担忧的脸。平日里所有的不公平、所有的不快乐都随忘记而远去，人就会变得明朗了，好像被乌云掩盖的天突然湛蓝了起来。忘记了憎恨，也就远离了憎恨。当心灵不因为憎恨而蒙蔽，当所有的一切变成过眼云烟，人就会整个地轻松起来，宽恕了别人也解救了自己。忘记了情忘记了爱，也就忘记了一切不愿意记忆的东西。

学会忘却，也就学会了宽恕自己，解救自己。人生短短几十年，何苦撑得那么疲累，何不学会忘却？一味地追求完美，而这个世界根本就没有完美的东西，完美了反而是一种缺陷，有缺陷的东西才是真正的完美。人生更是如此，没有遗憾的人并不快乐。所以追求完美，其实就是追求一种完美的心态。

记忆盛不下太多的往事，一路走来，我们注定要忘记许多人与事，学会忘记是“去粗取精”，只有忘记那些应该忘记的，需要牢记的才会在心底永存。

学会忘却是一种豁达的生活态度。忘记朋友有意或无意的伤害，才能建立至真至纯的友谊；忘记恋人分手时的绝情，才能怀念有过的那些美丽缤纷的日子；忘记给予，才能不再希求知恩必报……

学会忘却不是把曾经的一切统统埋葬在走过的山冈、淌过的溪流，而是一种审时度势的选择，是牢记困惑时那一句真诚的鼓励，落难时那一双或纤细或粗糙的手，低迷时那凝视的关怀。生命是一棵树，忘记犹如树上那些多余的枝杈，需要我们随时修剪，随时自省，生命之树才会更加茂盛。

幸福是什么？幸福在哪里？人一直都在苦苦寻觅着，寻找着，幸福其实就在那一回眸间，幸福其实就在那忘却里。有一种感情叫爱，有一种感情叫憎恨；有一种感情叫欢喜；亦有一种感情叫痛苦。忘却一切刻骨铭心的伤痛，忘却一切痛彻心扉的感情，那将是一种最大的幸福。

人生感悟

幸福其实就在那一回眸间，幸福其实就在那忘却里，忘记犹如树上那些多余的枝杈，需要我们随时修剪，随时自省，生命之树才会更加茂盛。

看得开 放得下

157. 放纵是人生最大的悲哀

“不以物喜，不以己悲”，不是随心所欲，跟着感觉走，要怎样就怎样，无拘无束无节制，而是要懂得掌握一个“度”。在佛家看来，凡事都要有个限度和分寸，过了那个限度和分寸就会走向另一个极端。追求自由人性和放纵自我之间只是一步之隔，一念之差。忧忿过度会导致对现实不满，进而伤害他人，损害社会公德；乐极生悲，无限制地“享受生活”，就会堕落。

弘一法师说：“不可一切都由着自己的性子，想干什么就干什么，想怎么办就怎么办，要有所克制。”其实，不要认为自己条件很好就可以任意地放纵自己，做任何事情都要付出代价的，有时付出的代价是金钱买不回来的。不要认为自己青春靓丽就可以肆意地挥霍青春，每个人的青春都是宝贵的、有限的，三五年的时间，岁月就悄悄爬上你的额头。不要认为偶尔做点坏事对自己没什么影响，做得多了就变成了习惯。而这恶习，就像墙上的钉子，即使拔出来，也永远留了一块伤疤。

不要轻易放纵自己，要学会自我约束。在佛家看来，“随心所欲不逾矩”才是最完美的状态。每天抵抗一个诱惑，时间长了，自律便成为一种习惯，一种生活方式，一种生存态度。人格和智慧也会因此变得更完美。一个面对诱惑却能自制的人，肯定会有成熟的思想，懂得在适当的时候约束自己。这种自律的习惯对于个人的学业和事业来讲，都会发挥重要的作用，加强自律有助于磨砺心志，有助于良好品性的形成，使人走向成功。

或许每个人都曾自暴自弃过，在深夜中被噩梦吓醒过，在挫折中失去方向、迷失自我。但这都不足以成为我们放纵的理由。迈出了第一步，以后就很可能会越陷越深，直至失去灵魂，那个时候会更加厌弃自己。所以，守住自己的第一步，别轻易放纵自己！不要轻易地放任自己去伤害任何一个人，不单单是朋友，不单单是恋人，不单单是亲人，哪怕只是一个网友，哪怕只是和你在大街上擦肩而过的陌路人，哪怕只是与你我毫不相干的人，你不知道，一句恶语中伤的话，一个鄙视的眼神，一个不经意间的动作，或许会给别人造成无法弥补的伤害。

世事难料，有些错误你犯了，以后就没有机会去改正了。所以不要放纵自己的时间，不能给明天留下后悔的机会。做任何事情都是要付出代价的，有时付出的代价是金钱买不回的。佛说不要放纵自己的欲望，心理学上说不要放纵自己的情绪，总之，有些东西放纵过后，就不可能再回头找你了。

人生感悟

不要认为偶尔一次做件坏事对自己和他人都没什么影响，勿以善小而不为，勿以恶小而为之。偶尔多了就变成了习惯。当心灵趋于平静时，精神便是永恒！把欲望降到最低点，把理性升华到最高点，你会感受到：平安是福，清心是禄，寡欲是寿！

158. 抱怨不如实干

一个自以为很有才华的人，一直得不到重用，为此，他愁肠百结，异常苦闷。有一天，他去质问上帝：命运为什么对我如此不公？上帝听了沉默不语，只是捡起了一颗不起眼的小石子，并把它扔到乱石堆中。上帝说："你去找回我刚才扔掉的那个石子。"结果，这个人翻遍了乱石堆，却无功而返。这时候，上帝又取下了自己手上的那枚戒指，然后以同样的方式扔到了乱石堆中。结果，这一次，他很快便找到了戒指——那枚金光闪闪的金戒指。

上帝虽然没有再说什么，但是他却一下子醒悟了：当自己还只不过是一颗石子，而不是一块金光闪闪的金子时，就永远不要抱怨命运对自己不公平。

是金子早晚都会发光。如果你只是一颗石头，自怨自艾不会使你成功，只有努力使自己磨炼成金子，才会发光，才会有人注意到你的光彩。

159. 活得富贵不等于活得幸福

人们总是希望有所得，以为活得富贵，自己就会越幸福。其实，幸福这个感觉，是要用内心去体验，因为它不是你从外面接触到的景象或人事，而是彼此互动之后所留下来之感受，所以说幸福不在外，而在内。幸福是什么？就如同“佛”就在你我心中。当你饱受疾病困扰与折磨的时候，拥有一个健康的身体就是幸福；当你饥肠辘辘的时候，一桌丰盛的大餐就是幸福。

有的人以为，给我一千万，我就幸福了，但世界上多少富豪闷闷不乐，生活荒淫无度，没有目标，甚至自杀。常常令旁观的我们觉得莫名其妙，以为如果有他这样多的财富，怎么会闷闷不乐，怎么可能会自杀！可见，无论金钱或物质，基本上与幸福这两个字，拉不上关系。

我们平时坐出租车，可能会遇到这样的情况。同样是堵车，同样是车在熙熙攘攘的路上堵得严严实实，寸步难行。有的司机，一遇到这种情况就开始骂骂咧咧，骂交警不会指挥，骂政府无作为，骂贪官，骂到最后开始抱怨自己怎么怎么辛苦，每天为生计奔波……没完没了，影响得乘客也心烦意乱。而有的司机，遇到堵车的情况则是和乘客聊聊家常，唠唠嗑，讲讲最近发生的趣闻，也不觉得时间过得慢，乘客的心情也慢慢好起来了。

由此可见，同一件事，会令人产生不同的心情。大部分人只看到自己得不到的，没有去看看自己所拥有的。金融风暴后，很多人的财产泡汤了，却没有想到我们还有健康，还有饭吃，还有屋住，甚至还有工作。其实在这个世界上，有很多人，一生没有洗过一次舒舒服服的热水澡，没有吃饱过一顿饭，没有穿过一件舒适的新衣服。我们可以挑选自己喜欢的鞋子，但有的人却因为没有腿，而没有机会穿鞋子。

一般来说，钱多了，就可以把自己的生活安排得舒适些，住得舒服些，穿得好一些，享受得多一些……但是幸福绝不是单纯地建筑在金钱的基础上。没有充实、高尚的精神生活，仅仅由金钱支撑起来的幸福不是真正的幸福。真正的幸福，是有一颗懂得感恩，知足常乐的心；是有崇高的理想，美好的情操；是热爱生活，热爱生命，敬畏大自然。

人生感悟

幸福，是因为有喜欢做的工作，有亲人陪伴，有爱人一起分担。心中有信仰，活得富贵不是每个月挣多少钱，而是每天都要过的满足舒适。

160. 努力适应无法改变的环境

珍子是日本人，她们家世代采珠，她有一颗珍珠是她母亲在她离开日本赴美求学时给她的。

在她离家前，她母亲郑重地把她叫到一旁，给她这颗珍珠，告诉她说："当女工把沙子放进蚌的壳内时，蚌觉得非常的不舒服，但是又无力把沙子吐出去，所以蚌面临两个选择，一是抱怨，让自己的日子很不好过；另一个是想办法把这粒沙子同化，使它跟自己和平共处。于是蚌用营分把沙子包起来。当沙子裹上蚌的外衣时，蚌就觉得它是自己的一部分，不再是异物了。沙子裹上蚌的成分越多，蚌越把它当做自己，就越能心平气和地和沙子相处。"

母亲启发她道：蚌并没有大脑，它是无脊椎动物，在演化的层次上很低，但是连一个没有大脑的低等动物都知道要想办法去适应一个自己无法改变的环境，把一个令自己不愉快的异己转变为可以忍受的自己的一部分，人的智商怎么会连蚌都不如呢？尼布尔有一句有名的祈祷词说："上帝，请赐给我们胸襟和雅量，让我们平心静气地去接受不可改变的事情；请赐给我们力量，去改变可以改变的事情；请赐给我们智能，去区分什么是可以改变的，什么是不可以改变的。"

人生感悟

当你改变不了环境的时候，就要改变自己。人贵有自知之明。若是不自量力，只会徒劳无益。与其这样，不如让自己适应环境，另觅他途，或许会出现转机。

161. 接受现实是战胜不幸的第一步

人生中总是充满了不可捉摸、无法预知的变化因素，如果它能给人们带来快乐，当然是好的，人们也很乐意接受这个结果。但事情往往不遂人愿，甚至有时候它会带给人们不可预知的危机。如果人们不能试图学会接受它，相反，却让灾难主宰了我们的心灵，那么生活就可能永远失去了阳光。

在人的一生中，必然会遇到许多不愉快的经历，有时它们是不可躲避的，而且也是无法选择的。一位哲人说："心甘情愿地接受吧！接受事实是克服任何不幸的第一步。"

事情既然是这样，就不会成为别的样子。虽然，环境不能决定我们是否快乐，但是，我们对事情的行为反应反过来进一步决定着我们的心情和态度。实际上，我们每个人都比自己想象的更坚强。

我们有太多愿望不能实现，也曾失去太多珍贵的东西，我们的人生旅途并不总是一帆风顺。如果我们不接受现实，不接受命运的安排，同时又不能改变分毫事实，就会感到生活是多么的痛苦。

作为不平凡的和即将不平凡的我们，面对不可避免的事实，应该学会接受，应该学会做到像诗人惠特曼所说的那样："让我们学着像树木一样顺其自然，面对黑夜、风暴、饥饿、意外与挫折。"

一个有着多年养牛经验的人说过，他从来没见过一头母牛因为草原干旱、下冰雹、寒冷、暴风雨及饥饿而会有什么精神崩溃、胃溃疡等问题。

只要有任何可以挽救的机会，我们就应该尽最大努力去奋斗。但是，当你发现形势已不能挽回，接受现实，调整好心情也许是最好的选择。

人生感悟

我们有太多愿望不能实现，也曾失去太多珍贵的东西，我们的人生旅途并不总是一帆风顺。如果我们不接受现实，不接受命运的安排，同时又不能改变分毫事实，就会感到生活是多么的痛苦。

162. 人生不能靠心情而活，而要靠心态而活

幸福是一种来自内心的感觉，是人精神世界里的一种超然享受。任何时候，人都不应该做自己情绪的奴隶，不应该使一切行动都受制于自己的情绪，而应该反过来控制情绪，无论情况多糟糕，你应该努力去支配你的环境，把自己从黑暗中解救出来。而心态才是命运真正的主人。假如我们想要主宰自己的世界，首先要主宰自己的心态。假如不能控制自己的心态，人生必将摇摆不定，终将会与失败为伍，与成功无缘。

心态消极的人，无论如何都挑不起生活和重担，因为他们无法直面一个个人生挫折，成大事者离不开达观心态，即使在毫无希望时，也能看到一线成功的亮光。因为我们活得是心态，不是心情。每个人都有一套属于自己的生活理念，有的人生活得很快乐，有的人却觉得生活里到处充斥着失望，归根结底是心态问题。

生活中总是会出现很多突如其来的灾难，让人陷入茫然狂躁的情绪中不知所措，更有甚者可能会对生命绝望。不难看出，随着社会的进步，竞争的激烈，人们的各种压力增大，当这种压力超过了某种负荷能力的时候，就会让人出现偏激情绪，而这样带来的恶果也是无法想象的。当这个时候，我们应该尽快给自己找一个出口，逐渐排除这样的情绪，解除这种精神压力。这就告诉我们，一个乐观的心态是非常重要的。

著名心理学家马斯洛有句名言：心态若改变，态度跟着改变；态

度改变，习惯跟着改变；习惯改变，性格就跟着改变；性格改变，人生就跟着改变。心态表示一个人的精神状态，只要有良好的心态，我们才能每天保持饱满的热情。心态好，运气也就变好了。精神打起来，好运自然来。记住做任何一件事，都要有个积极地心态，一旦失去它，就要学会调整。

怎样去调整自己的心态，不让情绪主宰自己学习、工作、生活，不要让坏情绪影响自己的人际关系。我们要记住首先攀比心不能太重。如果盲目攀比，就会“人比人，气死人”。我们要时刻怀着比上不足，比下还有余的乐观心态。其次，不要欲望太高。欲望无止境，欲望越高，一旦不能满足，形成的反差就越大，心态就越容易失衡。想想，一个普通白领，跟明星比收入，是差得远了，可是跟农民工、下岗职工比，却是已经很幸福了。心态平衡了，怨气自然也就没有了。三是要学会忘记。不要对过去的事耿耿于怀，过去的事情就让它过去，这样才会少去很多烦恼，心情才能舒畅。试想，人生不如意之事，十之八九。如果你一定非要把这些不如意都牢牢记在心里，那你的心还哪里有空隙去承载欢乐，承载幸福呢？

人生感悟

古人云：祸兮，福之所倚；福兮，祸之所伏。在挫折和不幸或灾难和厄运降临的时候，我们一定不要被悲观的心态所俘虏，我们固然左右不了外部的世界，但我们可以把握自己的心态。有了良好的心态，就把握住了一个美丽而安宁的世界。

163. 与其储存金钱，不如储存健康

人生最大的错误，就是用健康换取身外之物。健康是买不到的商品，健康是最大的财富。拥有健康，才能拥有生活。拥有健康，才能拥有生命。拥有健康，才有成功的希望。

为此，终日忙碌的人们要抱有正确的生活态度——与其储存金钱，不如储存健康。

其实，人的一生中应该只有两大目标——第一是得到你想要的东西；第二是享有你得到的东西。只有聪明的人，才能实现第二个目标。

刘磊原来是一家著名公司的技术主管，算是高薪阶层。但是后来他得了一场大病，不久由于某些原因他离开这家公司，到另一家公司换了个工作，薪水减少了近三成。可是他发现自己有更多时间可以陪家人聊天，和朋友外出旅游。两相比较，他突然感悟：在许多时候懂得放弃才是明智之举。人生并不一定需要大把的金钱，懂得适时休息，才有健康和事业兼备的生活。他说，我不相信为攒钱而拼命的人，在晚年还有精力享受生活。

什么是好工作？你可能会说能挣大钱的！但是你想过没有：你愿意加班加到倒在岗位上，压力大到招惹各种恶疾缠身吗？要知道，有命挣钱，没命花钱，是一场多大的人生悲剧！

人不能不工作，工作使我们实现了人生的价值，也是谋生的手段之一。但是，我们不能把所有精力都放在工作上，从而放弃属于自己的时间和空间，放弃自己的健康，放弃自己对于美好生活的探索。这

样一来，我们的人生还有什么意义？

古人云：“养怡之福，可得永年。”一个人寿命的长短虽然不能违背客观规律，但也不是完全听天由命。如果善养身心，使之健康愉快，同样也可延年益寿。

总之，健康是条单行线，一江春水向东流，奔流到海不复回。而钱是“千金散尽还复来”。所以健康比金钱更重要。一定要健康第一，金钱第二。如果你身体健康，头脑就会很清醒，你就能去做许多许多的事情。如不珍惜，纵有金山银山，到时候还是无可奈何花落去。正如《圣经》里说的：赢得了世界，却失去了自己。不是吗，没有什么比健康更快乐更幸福的事了，虽然人们在生病之前不曾觉得那是最大的快乐。

人生感悟

人生最大的错误，就是用健康换取身外之物。人生并不一定需要大把的金钱，懂得适时休息，才有健康和事业兼备的生活。

164. 幸福无绝对，心幸福一切都幸福

幸福无绝对，心幸福一切都幸福。其实，家，应该是最舒服、安全、稳定、幸福的地方。你想要拥有幸福吗？对于这个简单的问题，人人都想回答是！是的，世人皆想拥有幸福。但是，幸福的要素和如何获得它的观念却因人而异。下次你回家时，不妨先对自己说：“进门时，先脱去烦恼，放下负累”，更要记得把幸福带回家。一个人要想拥有幸福的心境，就要学会释放心灵垃圾，点亮自己的心灯。否

则，你的幸福梦想也只能“胎死腹中”。

在人生的旅途中，有时荆棘丛生，有时铺满鲜花，有时忧心如焚，有时其乐融融。寻找幸福只需要掌握幸福的关键环节，幸福发自我们内心，我们可以随时创造一种“我很幸福”的心境。心幸福一切都幸福。在现实生活中，得之，不狂喜；失之，不过悲；成功，不傲于人；失败，不馁于己。不怨天，不尤人，这样的人生才会风和日丽。无论你对生活抱怨与否，生活总是照着它应该的样子去发展，与其在愁苦中唉声叹气，不如在欢乐里喜笑颜开，当你真理解了生活，理解了生命，你就会发现自己已经乐在其中了。

世界上没有绝对的好事和坏事，有的只是你对待事情的态度。幸福是一个多元化的命题，我们在追求着幸福，幸福也时刻地伴随着我们。能在一切环境中保持宁静心态的人，都具有高贵的品格修养。

对此，每个人都应努力培养自己心理上的抗干扰能力，冷静地应对世间的千变万化。如果凡事都抱着负面的心态来看待，就算中了大奖，你也会认为这不是好事；如果你能用乐观的心态，去妥善应对自己所面临的问题，就算再大的困难也会迎刃而解的。只不过，很多时候，我们身处幸福的山中，在远近高低的角度看到的总是别人的幸福风景，往往没有悉心感受自己所拥有的幸福天地。

人生感悟

幸福与痛苦，截然不同的两种结果有时候就是一念之间造成的。要想幸福地生活，就要始终保持一颗幸福的身心。一个人如果要生活得幸福，必须摆脱世俗的种种限制和樊篱，否则，就失去了自己，也就没有幸福可言。

165. 不要追求绝对的公平

追求公平是文明社会的最高理想，这是毫无疑问的。但必须指出的是，倘若人们强求世上任何事物都得公平合理，那么所有生物连一天都无法生存——鸟儿就不能吃虫子，虫子就不能吃树叶，世界就得照顾到万物各自的利益。而事实上，这个世界却是以一种生物链的方式存在的，弱肉强食才是这个世界的本质。

鸟儿吃虫子，虫子吃树叶，这才是自然界的基本规律。我们都习惯于在生活中寻求公道和正义，一旦感到失去了公正就会愤怒、忧虑或者失望。然而，寻求公道同寻求长生不老一样不会有任何结果。我们周围的世界本身就不是一个公平的世界。知更鸟吃虫子，对于虫子来说是不公正的；蜘蛛吃苍蝇，对于苍蝇来说也是不公正的。美洲狮吃小狼，小狼吃野猫，野猫吃老鼠，老鼠吃蟑螂，蟑螂……只要环顾一下大自然，就不难看出世界上没有任何公道可言。龙卷风、洪水、海啸和干旱都是不公道的。实际上，这种公道的概念不过是海市蜃楼罢了。整个世界以及世界上的每个人都处在不公道之中。你可以高兴，或者不高兴，然而，你周围的不公道现象绝不以你的意志为转移。

所以，追求绝对公平不仅不可能，而且还会掉入某种陷阱之中，使我们不能自拔。

人生感悟

这个世界是以一种生物链的方式存在的，弱肉强食才是这个世界的本质。追求绝对公平不仅不可能，而且还会掉入某种陷阱之中，使我们不能自拔。

166. 放弃固执是一种解脱

两只比邻而居的青蛙，一只住在深水池里，不容易被人发现；另一只住在沟里，这沟里的水很少，并且旁边有一条马路。住在池里的那一只青蛙常劝他的朋友说："你还是换个住所，或是和我一起住，因为我的住所比较安全，也容易找到丰富的食物。"但那一只青蛙却说："我在这里住习惯了，况且我觉得自己的住所很好很安全，你不必多虑了！"几天之后，一辆笨重的货车经过那浅水沟，将它压死在轮下。

过于肯定自己的看法，就是固执己见，这样的人死死地抱定自己已有的、已经相信甚至迷信的东西，拒绝"学习"，匍匐在自己"自信"的障碍之下。拥有自信心固然可贵，但太肯定自己的想法，不能用理智来评价自身，或是不能客观公正地去评价别人，就会无法吸纳不同的意见，不能正视事情的本源，就失去了解决问题的方法与机会。此外，这种做法也易令你处于孤立无援、举目无友的境地，最终导致怀疑自己的想法，动摇甚至丧失自信，还会造成失误，甚至会害了自己。就像上例中的那只青蛙一样，一意孤行，听不进他人的规劝，结果丧了命。

明代著名教育家刘元卿在《盲子失坠》讲了一个故事。有个瞎子，在经过一条干涸了的小溪时，不慎失足掉落桥下，所幸他两手及时抓着桥旁的横木，大喊救命。经过的人告诉他说："不要怕，尽管放手下来，是实地。"瞎子不信，抓着栏杆不听地哭号，时间久了，失手掉到地上。这时他才发觉那个路人的话是真的，便自嘲道："呵！早知道是实地，何必这么苦了自己呢？"

这则故事告诉人们，不要太肯定自己的想法，作茧自缚，要善于听取别人正确意见。一个人只要不断改进，例如改过迁善、改错为对，就能增长智能，不断进步。若是囿于成见，常常就像过河的瞎子，总要吃一些亏，才能学一些乖，真是何苦呢！

人生感悟

原则要坚持，非原则问题不要固执己见，要善于求同存异。这样你会少走弯路，少犯错误。学会接纳异己，生活的精彩起源于信念的多元。

167. 尊重别人的自尊心，控制自己的好胜心

人的自尊心比金钱还要重要。一个人如果失去了少许金钱，尚可忍受，一旦自尊心受到损害，就无法预测他将会干出什么事来。有时候，本无存心伤人之意，却可能因为一句无意的话伤害别人，甚至可能为自己树立一个敌人。言行的谨慎看来是很重要的。

从前有位显宦，喜欢下棋，自负是国手。有一天，他门下的一名食客与他下棋，一出手咄咄逼人。比赛到后来，竟逼得显宦心神失常，满头大汗。食客见对方焦急的神情，格外高兴，故意留一个破绽。显宦满以为可以转败为胜，谁知食客一出妙手，局面立时翻盘。食客很得意地道："你还想不死么？"显宦遭此打击，心中很不高兴，立起身来就走。虽然显宦有很深的修养，胸襟宽大，但也受

不了这种刺激，因此对这个食客就有了成见。而这个食客呢，他始终不懂为什么显宦不再与他下棋。显宦因此总是不肯重用这个食客。食客郁郁不得志，只好以食客身份终其一生。也许他会自认命薄，哪知是忽略了对方的自尊心，控制不住自己的好胜心，使小过铸成了终身的大错。

人生感悟

事无论大小，忽略了对方的自尊心，控制不住自己的好胜心，往往使小过铸成了终身的大错。

168. 惜福的人才会有福

明朝嘉靖时期有一位出名的宰相，名叫严嵩，其子严世蕃也是高官。仗着自己位高权重他飞扬跋扈，生活十分奢侈。严世蕃要吐痰，只要咳嗽一声，四周围绕的丫鬟们，就仰起脸张开嘴巴来接他所吐的痰。严嵩在故乡的公馆里，门客家人不计其数，每天从他家的厨房内的阴沟里流出的鱼肉白米多得吓人。用“朱门酒肉臭”来形容，一点不夸张。

恰好严公馆附近有座庙，庙里有个老和尚，每天他都率领小和尚到阴沟里把白米捞起来，然后洗净晒干，日子久了，竟堆了满满一屋子。

后来严嵩的奸情败露，嘉靖皇帝把严嵩撤职，严世蕃被杀头，财产充公，严嵩老来便无地依靠了。由于在位时作恶多端，不得人心，所以，失势后也没有人同情他、可怜他。

还好，庙里的老和尚以慈悲为怀，收留了他。他在庙里吃了好多天的饭以后，有一天很难为情地对老和尚说，“我很对不起你，当我势力大的时候，却不知道有你这么一个好邻居，从来没有在你庙里积过一点德；现在穷了，反而来消耗你粮食，我真惭愧啊。”

老和尚安慰道：“相爷不必难过，你现在吃的不是我的，而是相爷你自己的，而且就是吃上十年八年，也吃不完的。”

严嵩听到这话，觉得很惊讶：“呀！吃我的，这话从何说起?”

老和尚从容地说：“你不信，我带你去看。”

于是老和尚领着严嵩仓房里，指着一大堆米，对严嵩说：“这都是你相府阴沟里流出来的米，我把它捞上来，淘洗干净再晒干的。”严嵩看到这事实，听了老和尚的话，唯有把泪往肚子里流，什么也说不出。这就是不懂得惜福的后果呀。

懂福、惜福才会有福，人世间，没有灾殃祸患就是福，无奈很多人身在福中不知福。在我们的日常生活中，铺张浪费就是不惜福的表现，不管是在政府机关食堂、集团公司食堂，还是学生食堂、大小酒店饭馆，丢饭、剩饭的现象非常严重，君不知当今世界上还有多少人挣扎在饥饿线上，有多少在面临着被饿死的危险，然而我们却把“粒粒皆辛苦”的粮食倒到垃圾桶，一粒米里有七位神仙，不可以浪费哦，请大家惜福吧！

人生感悟

惜福是一种修养，也是一种修炼。懂得惜福的人，福才会越来越厚实，福才会离你越来越近。

169. 别为面子而装阔

会花钱，是致富的一个必要条件。世界上最会赚钱的人，无不是会花钱的人。精打细算，会花钱，才是大富翁的真正风度。

然而，在生活中我们发现，越是没钱的人，才越爱装阔。这似乎是个心理问题。因为没钱的人容易产生逆反心理，他们内心常在交战："我只能买这种便宜货吗？"自怜便油然而生，更因顾虑到别人的眼光，而惴惴不安。所以，当他们面对一件商品时，往往考虑虚荣比考虑价格的时候多，自卑感像魔鬼一样缠得他们犹豫不决，最终屈服于虚荣，勉强买下自己能力所不及的东西。于是，社会中有一种怪现象：越穷的人，越不喜欢廉价品。

仔细想想，越穷的人的虚荣心越强，所以他们因为乱花钱而永远无法富起来。

有一位大公司的董事长，他从来不在乎别人对他的称呼——"小气财神"。他和朋友去餐馆吃饭时，大都随便点一些菜，并不讲究是不是好菜，以显示自己的财富。有些人则不行，本来没有别人有钱，却怎么也不敢潇洒地点那三级菜，担心招来轻蔑的眼光。

如果你再留心看那些旅游观光的外国客人，他们的穿着打扮，都是很随意和俭朴的，有的近于邋遢，事实上，这些人中不乏富豪之人。

| 人生感悟 |

越装阔越穷，越穷越装阔，成熟的人，会为一生的生存做好精打细算和计划，决不会为了面子去"装阔"。

170. 耐心如此重要

有一个人经常出差，总是买不到有座位的车票。可是无论长途或短途，无论车上多挤，他总能找到座位。他的办法其实很简单，就是耐心地一节车厢一节车厢地找过去。这个办法听上去似乎并不高明，但却很管用。每次，他都做好了从第一节午厢走到最后一节车厢的准备，可是每次他都用不着走到最后就会发现空位。他说，这是因为像他这样锲而不舍找座位的乘客实在不多。经常在他落座的车厢里尚余若干座位，而在其他车厢的过道和车厢接头处，依然人满为患。

大多数乘客轻易就被一两节车厢拥挤的表象迷惑了，不大细想在数十次停靠之中，从火车十几个车门上上下下的流动中蕴藏着多少提供座位的机遇；即使想到了，他们也没有那一份寻找的耐心。眼前一方小小立足之地很容易让大多数人满足，为了一两个座位背负着行囊挤来挤去，有些人也许会觉得不值。他们还担心万一找不到座位，回头连个好好站着的地方也没有了。与生活中一些安于现状不思进取害怕失败的人一样，这些不愿主动找座位的乘客大多只能在上车时的落脚之处一直站到下车。

自信、执着、富有远见、勤于实践，会让你握有一张人生之旅的永远坐票。

人生感悟

再拥挤的车上，也会有你的座位，只要你耐心去找。就如柏拉图所说，耐心是一切聪明才智的基础。

171. 得不到你所爱的，就爱你所得的

人生的际遇很难说，不是相遇得太早，就是相逢的太晚，不是冲动在制造伤害，就是时间在创造遗憾。其实，与其为了得不到的东西而苦苦追寻，还不如珍惜你所得到的。

有这样一个故事。冉、强和箫是一个单位的员工。从见强的第一面，冉就爱上了这个帅气的大男孩强。强不爱她，他只喜欢箫。箫是个大美人，眼光可高了，尽管强总缠着箫，箫也不理不睬。后来，箫嫁给了一个老板，强彻底绝望了。

一天晚上，冉约强出来散步，婉约羞涩地说喜欢他。强被突如其来的表达震惊了，很快婉言拒绝了冉。强说他爱的女人不爱他，他谁也不爱了，他心已死，现在他不再想谈朋友，让冉不要来找他。

冉哭了一夜，上班的时候也流泪，同事都感到莫名其妙，问她原因她也不说。几天下来，冉仍旧不停地哭。强开始心软了，终于答应接受她。

强和冉的恋爱一点都不浪漫。他们没看过一场电影，没在外边吃过一顿饭，强因为心中装着箫，对冉很漠然。即便这样，冉也愿意和强交往，她给强洗衣服，做他爱吃的饭菜。强生病了，冉守在他身边，无微不至地照顾他。

后来，强和冉结婚了。但强还是对冉不体贴，家务活都是冉一个人承担。一天，冉在买菜回来的路上被一辆大卡车夺走了生命。等强带着孩子赶到现场的时候，冉已永远地闭上了眼睛。

强悲痛欲绝，他把死去的妻子深情的拥入怀中。回想起过去冉的

辛苦，回想着冉的好，泪水一滴滴地落在冉苍白而又瘦削的脸颊……

清明时分，强给冉扫墓，他跪在冉的坟前，哭红了双眼，抚摸着妻子的墓碑说："亲爱的老婆，你知道吗？直到今天我才知道我多么的爱你。我爱你，真的，很爱，可是我再也不能尽做一个丈夫的义务了。过去我对你那么不在意，现在想想自己真是个混蛋。下辈子请让我好好地照顾你，爱你一辈子，好吗……"可是冉再也听不见了。

人总是这样，当我们失去的时候，才知道自己曾经拥有的东西的珍贵；总是珍惜未得到的，而忽略了所拥有的。殊不知，眼前的一切是多么不易才来到身边。

所以，当我们不能得到所爱的时候，我们就应该努力去爱我们所得到的，不能因为执着于那些未得到的东西，把自己已经拥有的美好东西也丢了。

人生感悟

人总是这样，当我们失去的时候，才知道自己曾经拥有的东西的珍贵；总是珍惜未得到的，而忽略了所拥有的。殊不知，眼前的一切是多么不易才来到身边。

172. 牵手是情，放手也是爱

尘世间，有些人、有些事总让人割舍不下，比如爱情。有句话说得好："令人不能自拔的，除了牙齿还有爱情。"有的人为爱痴狂，发现对方不爱自己了便威逼利诱；有的人分手后还恋恋不舍，对对方满怀期待；有的人为了早已名存实亡的爱情做最后的挣扎和挽留；有的人活在遥远的回忆里无法释怀，有的人……

不是所有的爱都要拥有。尘世间，有一种爱叫牵手，也有一种明白叫放手。牵手是情，放手也是爱。

在吴淑平的长篇小说《放爱一条生路》中，已婚女人夏小红爱上了莫玄子。如果夏小红的丈夫黄贵福死不放手，他们的爱情将在痛苦中煎熬。被黄贵福发现这段私情后，夏小红却直接对黄贵福说：“我们能不能别吵吵闹闹的，好聚好散，没有爱情，也有亲情。既然合不来，为什么要绑在一起互相折磨呢？为什么不放爱一条生路呢？”黄贵福整夜都在思考夏小红的这句话，与其守住没有爱情的婚姻，不如放爱一条生路。最后，黄贵福也想通了，放弃了这段婚姻。

人们都说，爱到极限，他会以你的幸福来衡量他的快乐，当他发觉你和他在一起不幸福，感到这份爱已成为彼此的负担的时候，他会默默地走开。阿木所唱的《有一种爱叫做放手》很感人：“如果两个人的天堂像是温馨的墙，囚禁你的梦想，幸福是否像是一扇铁窗。候鸟失去了南方。如果你对天空向往，渴望一双翅膀，放手让你飞翔……浪漫如果变成了牵绊，我愿为你选择回到孤单。缠绵如果变成了锁链，抛开言……”

在感情世界里，是没有对和错的；如果不能相爱，只说明你在对的时间里遇到了错的人，在错的时间里遇到对的人。所以，如果你不爱一个人，请给她一条路，好让别人有机会爱她。如果你爱的人放弃了你，请给自己一条路，好让自己有机会爱别人。有的东西你再喜欢也不会属于你的，有的东西你再留恋也注定要放弃，人生中有许多种爱，但是别让爱成为一种伤害。

成全对方，也是成全自己。给爱选择一个出口，相信你们还会找到属于自己的幸福。

不是所有的爱都要拥有。尘世间，有一种爱叫牵手，也有一种明白叫放手。牵手是情，放手也是爱。

173. 有些事并不像你看上去那样

两个天使到一个富户家借宿。这家人拒绝让他们在卧室过夜，而是在地下室给他们找了一个角落。当他们铺床时，老天使发现墙上有一个洞，就顺手把它修补好了。

第二天晚上，两人又到了一个贫穷的农家借宿。主人夫妇俩把仅有的一点点食物拿出来款待客人，然后又让出自己的床铺给他们。第二天一早，两个天使发现夫妇俩哭泣，他们唯一的生活来源——一头奶牛死了。年轻的天使非常愤怒地质问老天使为什么会这样，第一个家庭什么都有，老天使还帮助他们修补墙洞，第二个家庭尽管如此贫穷还是热情款待客人，而老天使却没有阻止奶牛的死亡。

"有些事并不像你看上去那样。"老天使答道："当我们在地下室过夜时，我看见墙洞里面堆满了金块。因为主人被贪欲所迷惑，不愿意分享他的财富，所以我把墙洞填上了。昨晚，死亡之神来召唤农夫的妻子，我让奶牛代替了她。"

美国经济学家马歇尔指出，任何事物我们只能了解到它的八分之一。它有如露出水面之冰山，虽唾手可得，但也是冰山一角。

冰山一角不代表事情全貌，我们无论在工作上，还是生活中，都绝不能只凭借一部分的信息就加以判断、做出决策。因为你所看到的，不见得就是全部；你所得到的信息，也不见得全都是正确的。如同医生治病一样，如果仅是针对患者的自诉开药，而不去思考病因为何，是哪些因素引起病患的痛苦，那是不能真正解除患者的痛苦的。

我们亲眼看到的，都不一定全部是真的，那我们道听途说的呢，我们凭空猜测的呢，又有多少消息误导了我们？

人生感悟

我们无论在工作上，还是生活中，都绝不能只凭借一部分的信息就加以判断、做出决策。因为你所看到的，不见得就是全部；你所得到的信息，也不见得全都是正确的。

174. 埋头拉车也要抬头看路

在竞争愈演愈烈的现代社会中，同事之间，上下级之间，都不可避免地会出现或明或暗的竞争。比如追求工作成绩、获得加薪、升迁等，各种利害冲突，使得在一个团队内部天然地存在一种竞争关系。而这种竞争在很大程度上又不是一种单纯的真刀真枪的实力较量，而是常常掺杂了许多其他因素在内，如个人感情、好恶，乃至以势压人，等等。在这种扭曲了的环境下，往往会影响人际关系、工作成绩等。

在这种环境中，表面上大家同心同德、和和气气，实际上在内心里却可能各打各的算盘。有的人想让别人在工作中出错，好让自己有机可乘；更有甚者，有些身为上司的人，为了使自己的地位不受威胁，会不择手段地跟别人过不去。

在这样的情形之下，一个人精明能干、做事勤恳，在很多时候显然并不是好事。你的工作业绩优良，表现突出，难免会惹得别人眼红嫉妒，甚至会有肚量狭小的上司在表面上夸奖你的同时，内心却对你产生排斥的情绪。这并非你跟他有过节，而是依照你的水平，在将来有可能将他挤下台去，取而代之，这使他放心不下。

可见，这些只知道努力做事的人，却没有想到，影响他们前途的最重要的因素，并不是是否努力本身，而是另外一种外在的、十分微妙的生存竞争因素。可以想象，倘若他们知道自己其实正“栽”在努力做事上，该会如何地吃惊和迷茫。

俗话说：“不要只顾埋头拉车，还要学会抬头看路。”就是告诉人们，成功不是一个简单的过程，而是多种条件的良好结合，缺一不可。如果说只要肯干、肯流汗，就一定能成功的话，那么成功就失去了应有的魅力。

人生感悟

有时候，只知道努力做事的人，却没有想到，影响他们前途的最重要的因素，并不是是否努力本身，而是另外一种外在的、十分微妙的生存竞争因素。

175. 人只有在不断的超越中成长

生活处处充满竞争，大自然的法则就是“物竞天择，适者生存”，不断地超越是我们唯一能够在竞争中生存自如的方式，不去超越就意味着落后，落后就意味着淘汰。

只有强者才能够生存得如鱼得水，这无论在人类社会还是在自然界都是通用的法则。知道藏獒是如何繁衍下来的吗？不是所有的藏犬都能够成为獒，它们要经过激烈的生存竞争，生存下来的那个才能获此殊荣。当年幼的藏犬长出牙齿并能撕咬时，主人把它们放到一个没有食物和水的封闭环境里，让这些幼犬自相撕咬，最后剩下一只活着的犬，这只犬称为獒。据说十只犬才能产生一只獒。

这种竞争方式似乎太残酷了。但没有竞争，就没有发展，只有不断挑战自己，超越自己，才能使自己在激烈的环境中脱颖而出。人类也是一样，虽然出生时，婴儿之间没有太大的差别，但随着环境和事物的不断变化，婴儿们在成长的过程中，有的只能变成一只“犬”，有的却能成为一只“獒”。

在残酷的现实中，我们每个人所面对的竞争和生存的压力都是一样的，因此，我们只有具备战胜一切的智慧和勇气，才不被淘汰。而改变我们命运成败的唯一法则就是学会竞争、懂得竞争、崇尚竞争。

没有紧迫感，没有进取心，没有活力，得过且过，毫无竞争意识，这样的人只能一辈子碌碌无为。不断超越虽然使人觉得很累，甚至有时需要付出很大的代价，但是只有超越才是全面提升自己的最佳途径。如果一个人总是安于现状，满足于现状，那么他终究会有一天会倒在“藏獒”的利爪之下。

人生感悟

现代社会是一个竞争激烈的社会，谁不继续学习，谁必将被社会所淘汰。只有不断地提升自己各方面的能力，才能在竞争中立于不败之地。

176. 面对新的开始时请将自己归零

某部电视剧有句道白：生活就是不断地重新再来。不归零，就不能进入新的生活；不归零，就不会持续性进步。在很多时候，我们会犹豫，会彷徨，会迷茫，会不知所措。这是因为我们缺少在机会面前将自己重新归零的勇气！

20世纪80年代台湾流行乐坛最具实力的词曲作家和唱片制作人，有“百万制作人”之称的李宗盛因为对吉他的热爱，近年来已经不太写歌，而是在北京开厂，专心打造木吉他。李宗盛直言做一把名扬世界的木吉他，是他未来30年的梦想，“以前有一个小李（指李宗盛自己），写了30年的歌，令他风光一时；未来，我想活一个不同的30年，我要做一把好的吉他。”李宗盛戏言，自己的前30年是一个圆圈，现在刚好归零，重新开始。

2009年9月10日，马云在阿里巴巴10周年庆典、自己45岁生日到来之时宣布说：“我们18个创始人今天提交了辞职信，明天早上我们将重新应聘、求职于阿里巴巴，我们把过去的一切归零，未来10年将从零开始……”

其实，这18个人重新上岗的机会几乎是100%，但此举意义重大！作为创始人的标记，这18个人的工号一直是从1到18。而重新竞聘后，他们的工号数字将变成2万多，和普通员工没什么区别了。因此，除了现在在公司的人，将来的新员工，恐怕不会有几个知道他们是创始人了。马云领头归零一事让人无比钦佩，他们放弃的是看似沉重实则虚无的“创始人”头衔，获得的是员工和外界的尊重。

归零的心态就是空杯、谦虚的心态，就是重新开始。第一次成功相对比较容易，第二次却不容易了，原因是不能归零。我们总是认为自己已处于一定高度的区段上，我们行事之前都会思量自己的“身份”，任何有失“身份”的事都让自己感到极度不安，这种放不下的“身份”，只会使我们一再落于人后。

归零，让我们重新面对最初时的自己；归零，就是在工作或生活中无论成功还是失败、喜悦还是痛苦，都要保持一颗平常心，一切从“0”开始，就当之前什么也没有发生一般；归零，就是无论自己有多大本领、具有多少真才实学，在得到社会承认之前，都要保持低调。它不是让我们消极避世，而是让我们更洒脱、更从容，一旦归零，就要义无反顾地坚持下去！

把自己归零对于我们无非是一种挑战，是一次更高起点的重新开始。这意味着我们要以一种虚心学习的态度，去适应新环境，接受新挑战，创造新业绩。

知道了归零的益处多多之后，那么，现在你可否自问一句，敢不敢像上例中的李宗盛、孟立秋、马云那样，将自己归零呢？

别告诉自己你过去做些什么，只需要告诉自己，你现在能做什么，就足够了。

人生感悟

归零，让我们重新面对最初时的自己；归零，就是在工作或生活中无论成功还是失败、喜悦还是痛苦，都要保持一颗平常心，它不是让我们消极避世，而是让我们更洒脱、更从容，一旦归零，就要义无反顾地坚持下去！

177. 再忙，也别忘了感情沟通

你有没有过这样的感触：当你遇到了困难，你认为某人可以帮你解决，你本想马上找他，但后来想一想，过去有许多时候本来应该去看他的，结果都没有去，现在有求于人就去找他，会不会太唐突了？甚至因为太唐突而遭到他的拒绝？在这种情形之下，你不免有些后悔“闲时不烧香”了？

法国有一本名叫《小政治家必备》的书。书中教导那些有心在仕途上有所作为的人，必须收集起码 20 个将来最有可能做总理的人的资料，并把它背得烂熟，然后有规律地、按时去拜访这些人，和他们保持较好的关系。这样，一旦这些人之中有人当了总理，自然就容易记起你来，大有可能请你担任一个部长的职位。

这种手法看起来不大高明，但是非常合乎现实。一位政治家在回忆录中提到：一位被委任组阁的人在受命伊始，心情很是焦虑。因为一个政府的内阁起码有七八位部长，如何去物色合适的人选？这的确是一件难事，因为被选的人除了要有适当的才能、经验之外，最要紧的一点，就是“和自己有些交情”。

和别人有交情才容易得人赏识，不然的话，任你有登天的本事，别人也不知道，知道了也不敢任用。

现代人生活忙忙碌碌，没有时间进行过多的应酬，日子一长，许多原本牢靠的关系就变得松懈，朋友之间逐渐互相淡漠，这是很可惜的。望大家珍惜人与人之间宝贵的缘分，即使再忙，也别忘了沟通感情。

因为忙碌，许多的人际关系会变得松懈，这是得不偿失的。一个人能够与他人准确、及时地沟通，才能建立起人际关系，而且是牢固的、长久的。进而能够使得自己在事业上左右逢源、如虎添翼，最终取得成功。

178. 一次行动胜过无数次的空想

虽然有想法，但仅仅停留在想法上的人太多，这只不过是空想，应该有什么想法就立即去做。

有这样一则广告：一位企业管理者向投资人展示企业所拥有的丰富资源以及美好的战略意图、企业愿景，激情洋溢，令闻者怦然心动。突然，投资者问了一个令他们感到唐突的问题："那我们怎么做?"与此同时，整个广告戛然而止，屏幕打出广告主题：拒绝空谈。

这则广告发人深思，展望未来固然重要，但若缺乏执行，纸上谈兵，于事毫无益处。

在我们生活中，有许多语言上的巨人，行动上的矮子。他们时不时喊出几句豪言壮语，想要如何如何，却又总不能付诸实践，所以最终仍是庸庸碌碌，一事无成。比如，我们经常会听到有人说："如果我当年就开始那笔生意，早就发财了!""如果我在 2002 那年买两套房，现在可能都是百万富翁了!"一个个伟大的目标胎死腹中，令人扼腕长叹。

在小学的时候，我们都学会《为学》这篇文章。四川的边境上有两个和尚，一个贫穷，一个富有。穷和尚对富和尚说：“我想去南海，你看如何?”

富和尚说：“您靠什么去呢?”

穷和尚说：“我靠着一个水瓶一个饭钵就足够了。”

富和尚说：“我几年来想雇船而往下游走，但还一直没有准备充分。您怎么能去呢?”

到了第二年，穷和尚从南海回来了，告诉了富和尚南海的情形。富和尚露出了惭愧神色。

穷和尚与富和尚的故事讲述了一个简单的道理：说一尺，不如行一寸。先行动起来，在行动中去检验，去完善。

许多人做事都有一种习惯，非等算计到“万无一失”才开始行动。他们喜欢订计划，在周密、工整的计划中获得部分满足。但是如果不能将计划变为行动，在若干年后他们看到这张纸只会感到深深的失落，尤其是当同时起步的朋友已经实现了梦想的时候。如果将诗人艾青的“梦里走了许多路，醒来还是在床上”这两句诗赠给这些人，那可是再合适不过了。

克雷洛夫说过：“现实是此岸，理想是彼岸，中间隔着湍急的河流，行动则是架在河上的桥梁。”著名作家玛丽亚·埃奇沃斯说：“如果不趁着一股新鲜劲儿，今天就执行自己的想法，那么，明天也不可能有机会将它们付诸实践；它们或者在你的忙忙碌碌中消散、消失和消亡，或者陷入和迷失在好逸恶劳的泥沼之中。”

智者付诸行动，愚者耽于幻想。最消磨意志、摧毁创造力的事情，莫过于拥有梦想而不开始行动。世界上所有的计划都不能帮助你成功，要想实现理想，就得赶快行动起来！

人生感悟

躺着写一百份计划书抵不上站起来走一步。一个实际行动胜过一打纲领。行动不一定就带来快乐，但没有行动肯定没有快乐。

179. 要想朋友好，金钱少打扰

俗话说得好，“交义不交财，交财两不来；要想朋友好，银钱少打扰”。友情是无法用金钱来衡量的，金钱买不到友情，不过友情却可以得到金钱。隋朝学人王通曰：“以势交者，势尽则疏；以利交者，利尽则散。”把友谊建立在金钱的基础上，就好比把大楼修在沙滩上，这种友谊是靠不住的。

纵观古今中外，我们会发现，真正的友谊是建立在互相关心、互相帮助、共同进步的基础上的。春秋五霸之首齐桓公，成就霸业靠的是名相管仲。有个“管鲍之交”的典故流传已久。春秋时期的政治家管仲和鲍叔牙是好友，二人曾经合伙做生意，管仲出很少的本钱，分红的时候却拿很多钱。鲍叔牙毫不计较，他知道管仲的家庭负担大，还问管仲：“这些钱够不够?”管仲做了谋士，随军作战，结果临阵却先逃跑了，鲍叔牙也没有嘲笑管仲怕死，还替管仲辩解说，因为他牵挂家里年老的母亲。管仲当了齐国丞相，而鲍叔牙却甘心做他的助手。管仲多次对人讲过：生我的是父母，知我的是鲍叔牙。友谊的基础是彼此相知、理解和共享。若是靠金钱来维系，就无法建立深厚的友谊。

真正的友谊，不是礼物的相互传递，而是建立在相互了解基础上的感情交流。马克思和恩格斯的友谊是伟大的，也是高尚的。他们不仅时时刻刻设法给对方以帮助，为对方在事业上的成就感到骄傲，而且更重要的是在共产主义事业上，他们互相帮助，亲密合作。恩格斯对马克思是无私的，凭着他渊博的学识和天才的创造性，完全可以为自己写很多的书，完成更好的著作。但是为了支持马克思完成《资本论》巨著，为了使马克思一家免于贫困和饿死，恩格斯不仅在精神和道义上给予热情、真挚的支持，而且常常替马克思偿还各方面的债务。

庄子有句名言："君子之交淡如水，小人之交甘若醴。"李白也曾写诗劝导人们："廉夫唯重义，骏马不劳鞭。人生贵相识，何必金与钱?"交朋友看重金钱，势必忽视信义，此友谊就非彼友谊了。真正的友谊，需要忠诚去播种，需要热情去浇灌，需要用原则去培养，需要用谅解去护理。它简单明了，与金钱无关。

人生感悟

真正的友谊，不是礼物的相互传递，而是建立在相互了解基础上的感情交流。

180. 可以逢场但不要做戏

"逢场作戏"是一句流行的话，也是交际场中的口头禅。遇到宴会，这是逢场，可以做戏；遇到婚庆喜丧，这也是逢场，可以做戏。打扑克牌也是，打麻将也是，凡是属于赌的游戏，无一不是在做戏，这种小戏，我们有时逢场没办法，做做戏也无妨。

我们常听有人因为做戏成癖而导致堕落，却不曾看见过有谁靠时常做戏而飞黄腾达。年轻人对世事认识不是很真切，便把做戏当成交际的重要手段，谁曾有过在赌友、嫖友、舞友中，得到紧急时刻可以相助的知己？想从这种朋友中求知己，无异于天方夜谭。社会上的坏事，往往都冠以好听的名义，用做戏来联络情谊，也是一种欺人之谈。对此，我们总要认识得真切，不要误入歧途才好。在人际交往中，我们是不能不逢场的，可逢场千万不要做戏。要做到这一点，必须是你不会做戏，而且真的不会做戏。等大家都知道了，那么人家也绝不会邀你参加了。也许你以为完全谢绝会少了一种应酬工具，对于彼此情谊的联络会有影响。如果你这样想，就有点多余了。其实联络感情的方法很多，不一定要做这种戏，而这种方式所联络的情谊是否真实可靠，还成问题呢！其他方面或者可以学，但这种时髦可千万学不得。

所以逢场并非一定要做戏，面对难却的盛情，一定要有自己的交往原则，宁愿做一个被众人说“你真没劲”的人，也要“出淤泥而不染”，不去逢场作戏。

人生感悟

在人际交往中，我们是不能不逢场的，可逢场千万不要做戏。有人因为做戏成癖而导致堕落，却不曾看见过有谁靠时常做戏而飞黄腾达。

181. 场面话可听不可信

“场面话”是日常生活中没有多大真正价值，但又挥之不去的一片灰色。“场面话”，就是在某个“场面”才讲的话，这种话不一定代表内心的真实想法，也不一定合乎事实，但之所以又要讲，为的就是让对方感到高兴，让交际顺利进行。它是一种生存智慧，行事圆滑的人都懂得说，也习惯说。这不是罪恶，也不是欺骗，而是一种必需。既然场面话是用来撑面子的，顾到“场面”就够了，就不会像实在话一样可信和可靠，有些场面话是出自真心，有些却是言不由衷。我们不得不说，不得不听，但不能去相信，而应保持冷静和客观，看看那些话是否发自肺腑。

《新京报》上登载这样一则故事：有个人初来北京，偶遇一个知名音乐人，二人酒席之间推杯换盏，相谈甚欢，离别之时，音乐人拍着年轻人的肩膀说：“今后有什么困难来找兄弟。”这本是句场面话，孰料年轻人当真了，日后碰到了困难果然去找音乐人寻求帮助，哪知人家百般敷衍，让年轻人感到“很受伤”。

待人处事，说说场面话是为了客气一下，它可以兑现，也可以不兑现；它可以是认真的，也可以是搪塞的；可以是马上要去做的，也可以是永远也不要去做的。不把场面话客气话当真是我们这个社会最大的潜规则。把场面话当真的人，是不了解人心，不懂人情世故，不善于揣摩他人。熟知游戏规则，场面话的真真假假便了如指掌。

人生感悟

有些场面话是出自真心，有些却是言不由衷。我们不得不说，不得不听，但不能去相信，而应保持冷静和客观，看看那些话是否发自肺腑。

182. 有一些伤疤好了，就要忘记曾经的疼痛

生活中，不少人都死死揪着已经生成的伤疤不放，即便它已过去。而我们多“怀念”它一次，它也就会更多地伤害我们一次。一个伤疤的痊愈要多久？其实完全取决于我们自己看待它的态度。

分歧带来的争吵、失恋带来的痛楚、矛盾留下的仇恨、距离带来的误会、名利带来的贪求与挫折，所有这些都曾是你生命中抹不去的阴影。只有把它们忘掉，你才能更轻松地生活。

人们常说“好了伤疤忘了疼”，这是对那些善忘者的讽刺挖苦。殊不知，这正是自我保护的一种有效方式。在我们的一生中，凡是次要的、破碎的，都应该忘记。

“随它去吧!”一位哲学家说，“它不会持久的，没有一个错误会是持久的!”

我们应当从记忆中抹去一切使我们消沉、痛苦、讨厌的事情，只有把这些放下了，忘记了，我们才能重新开始人生。所以，对于那些经历，唯一值得去做的，就是彻底地埋葬它。每个人都应该把忘掉一切不愉快的、不幸的人或事视作一条人生的规则。

整日想着那些不幸的经历，只会越来越加剧自己的伤痛，而那样只会让你对未来的看法越来越悲观。

忘掉它们，把它们从记忆中逐出，就像把一个盗贼从自己家里逐出一样。

我们应当从记忆中抹去一切使我们消沉、痛苦、讨厌的事情，只有把这些放下了，忘记了，我们才能重新开始人生。

183. 人情不能滥用

人情好比存款，不能滥用。人们常说“好钢要用在刀刃上”，人情也是这样。能够帮助你或能使你得到保护的人是有限的，因而要好好珍惜，不要把他们的善意滥用在无关紧要的事情上，就像在遇到危险之前要保持火药干燥。倘若你以多换少，日后还有什么剩下来？把握人比把握事更为重要。

有人可能不屑地说：“我求朋友办点事儿怎么了？那是我的铁哥们。”“有时候求人也是一种互动，万事不求人的人目前还没生出来呢！”俗话说：“留得人情在，日后好相见。”这样的“人情”，其实是谋取利益和好处的“伏笔”。事到临头的时候，有些人也最爱讲“人情”，这样的人情，其实是“关系网”、“权钱交易”等的代名词。人情一旦滥用，就成了债，债钱多了若不偿还，难免让对方心里不平衡。一旦你们之间有了矛盾，发生了口角，于是施予人情的一方，总会站在道德的制高点，到处宣扬：你看看某某，真是个不知好歹的家伙，我在他最困难的时候无私地帮他，让他渡过难关，要不是我……

无疑，欠人人情者，总会觉得浑身不自在。如果据理反驳，那么就怕被指成没有良心，是白眼狼；如果忍气吞声，那又是太委屈自己。即便人与人之间无半点矛盾，也总有很多人会把施给别人的好，即所谓人情，挂在口中念来道去。

再说，钱是有数的，人情是无价的。别人用心帮助过你，本不是用金钱可以衡量的。万一他有求于你，但那些事可能会触碰道德底线，或是违反纪律，你该怎么办呢？好言相劝，对方也未必识得你的一番好心，还会当面与你翻脸，背后撒布你忘恩负义的行径。这样的人情是你不该透支、滥用的，如果你欠了，还起来就极为困难。

不把人情当回事的人，对方对你早晚也会厌倦。因为你把他的帮助视为理所应当的了，最终对方可能逐渐疏远你。

滥用的人情，即使还上了，可能对方心里仍有些疙瘩。有句话说得好“动什么别动感情，欠什么别欠人情”。虽然有时候借助别人的力量可以省事一点，但我们还是应该靠自己去成事，不把人情当拐杖。

无论如何，我们身处这个人情社会，都要谨记和遵守其出牌规则——该出手时就出手，该求人时毫不手软，该帮人时也别袖手旁观，但能不求人的时候，最好也别滥用友情或人脉关系，毕竟每一笔贷款都有利息要付，每一次开口都是对人对己的考验。

人生感悟

能不求人的时候，最好也别滥用友情或人脉关系，毕竟每一笔贷款都有利息要付，每一次开口都是对人对己的考验。

184. 不要在情绪低落时做重要的决定

人在感到沮丧的时候，千万不要着手解决重要的问题，也不要对影响自己一生的大事做什么决断。因为，那种沮丧的心情会使你的决策陷入歧途。一个人在精神上受了极大的挫折或感到沮丧时，往往需要安抚。在这个时候，他往往无心思考其他任何问题。当女人受到了极大的痛苦后，她竟会决定去嫁给自己并不真心爱着的男子。男人有时竟然会因为事业遭受暂时的挫折而宣告破产，但实际上，只要他们继续努力下去，是完全可以克服困难，战胜挫折，最终获得成功的。

有很多人在感受着深度的刺激和痛苦时，他们竟会想到自杀。虽然他们明明知道，所受的痛苦是暂时的，以后必然能从中解脱出来。但是，当人们的身体或心灵受着极大痛苦时，他们往往不会做出正确的判断。

在大脑一片混乱、深感绝望的时候，是一个人最危险的时候，因为在这时人最易做出糊涂的判断、糟糕的计划。如果有什么事情要计划、要决断，一定要等头脑清醒、心神镇定的时候。

在恐慌或失望的时候，人就不会有精辟的见解，就不会有正确的判断力。因为健全的判断，基于健全的思想；而健全的思想，又基于清楚的头脑、愉快的心情。因此，忧虑、沮丧时千万不要做出决断，一定要等到自己头脑清醒、思想健康的时候，再来计划一切。

人生感悟

在大脑一片混乱、深感绝望的时候，是一个人最危险的时候，因为在这时人最易做出糊涂的判断、糟糕的计划。所以重要决定不要在情绪低落时做出。

185. 不要只注重爱情而忽略了亲情

刘墉说，“亲情不容易被遗忘，只是容易被忽略。忽略等于遗忘。”事实上，当爱情来临的时候，当你成家立业、享受着三人世界的时候，这种忽略和遗忘可能会更明显。

大伟从小没有父亲，是母亲含辛茹苦将其养大的。工作之后，大伟每次领到薪水后都要给母亲买些东西，母亲为此倍感欣慰。可是后来，大伟因有了女朋友，对母亲的关心与态度有了一个很大的转变，不仅很少给母亲买东西，在家的时间越来越少，而且对母亲的问话和劝告感到厌烦，甚至说出一些令母亲很伤心的话。母亲只是想给他一些参考意见，想关心他，想他过得幸福！但大伟并不明白这些，他体验不出妈妈的辛酸和无奈。

李阳在北京买了一套房，他尊重爱妻的意见——不和父母同住。李阳的父母在老家山西，家里只有他们两个人。因为工作繁忙，加上回家路途太远，李阳一年也回不了几次家。即便这样，李阳父母总是盼着他能常回家看看。每当较长的节假日，李阳的妈妈总是问老伴儿：“这次放假他们没准能回来呢？你说呢？”

我们的身边有很多的大伟和李阳。他们因爱情的甜蜜而忽略了亲情温暖！他们的很多时间都用来和恋人在一起了，家是更少回了。有些人往家里打的电话越来越少，因为他要省下话费与恋人煲电话粥。有的人明明很悠闲地和恋人在一起，却说最近很忙，没有时间回去。有些人成家之后，妻子和老妈合不来，为了双方相安无事，他们也会选择和父母分居，并极少回家。

你可能会绞尽脑汁想着送给恋人什么礼物最好，但从未这样想起过自己的父母。你可能喜欢给爱人照相，但翻翻家里的相册，父母的相片却少之又少。人总说：人是从上往下亲的，小辈给予上辈的爱其实真的很少，甚至被忽视了……

父母花了十几二十年的时间去爱你，老的时候却不能天天看见你，也不能常常得到你的照料和问候，你觉得这样做对得起他们吗？

其实人在追逐甜蜜的爱情的同时，并不意味着必须放弃身边浓浓的亲情。经常打电话问候一下，天冷的时候提醒他们加件衣服，出门的时候告诉他们注意安全。手头上有点钱了，在想着怎么去讨好爱人的同时，请多关心一下把你养大的父母吧，不说买上什么很贵重的东西，称上几斤苹果，或者买上一件过冬的棉袄，相信他们真的会甜到心里去。

不要让父母的沉默、无奈、失望、伤心再继续。会珍惜亲情的人，才会更加懂得经营爱情，懂得生活！

人生感悟

人总说：人是从上往下亲的，小辈给予上辈的爱其实真的很少，甚至被忽视了。其实人在追逐甜蜜的爱情的同时，并不意味着必须放弃身边浓浓的亲情。

186. 记住别人的生日就锁住了一份温情

孙丽是个很细心的人，她把亲朋好友的生日都记在本子上，时不时地拿出来看看，快到谁的生日了，她就想着如何祝福对方。送份对方喜欢的礼物，发去一张精美的贺卡，或是打电话问候一声……不管采取何种方式，她都会将祝福传达给对方。

现在这个社会像孙丽那样的人已经不是很多了，别说记住他人的生日，有的人连自己的生日、爱人的生日、父母的生日都记不住。愈是这样，那些在生日时问候别人的人愈加珍贵，这也会让对方知道他在你心中的位置。况且，太多的人习惯了被爱，有些关怀在他们眼里变得如同空气一样，尽管围绕在他周围，他日日享用却不自觉。但生日作为一个“被标出”事件却让他感受到这些可贵的事物的存在。

在他人生日时送去祝福，对于彼此都是件很开心的事。记住父母的生日，送上一盒蛋糕和祝愿，陪他们聊聊天，以感恩的心去尽孝，父母会觉得你懂事了，知道疼人了；记住爱人的生日，你们的爱会更醇厚；记住同事和领导的生日，你在办公室将人气大增；记住客户的生日，你们的合作会更加顺畅和愉快；记住朋友的生日，就是在维系和巩固那段情谊。

祝他人生日快乐无须投入多大的成本，只需要用点心就好了。纵然岁月总能淡化一些老的记忆，增加新的东西，但有些是一定要深记脑海的，用心去记，实在记不住，就把它写在你的记事本里。

别人想不到的你想到了，别人做不到的你做到了。如此把他人记挂，怎能不令人感激万分呢？

所以，还是应该努力记住某些人的生日，在那天用最朴实的语言来显露你最不平凡的祝福！哪怕没有鲜花，没有很贵重的礼物，一声轻轻的问候，都是能温暖人心的！

日子天天过，生日何其多，你记住了谁的生日呢？

只要你善于铭记，一句轻声的“生日快乐”，会为你换来一份温情。

187. 越是显摆身价，就会越掉价

在现实生活中，人们看得最多的是官架子，只要是个官，不管是西瓜还是芝麻，都会表现得高高在上、威严无比，丝毫不能冒犯。其次是“钱架子”，有钱人摆阔；再次是“名人架子”，有名的人摆谱。当然，普通人中也有摆架子的。

身架与身价，既能给人带来荣耀，也可能会毁掉一个人的声名。不管你是谁，曾有过多么傲人的成就，若是摆架子，就会招人厌烦，使自己的路越走越窄。

孔子说：“君子泰而不骄、小人骄而不泰。”一个人越是有德有才，就越是自信；一个人越是自信，就越是谦卑涵容，不在别人面前摆架子。

国学大师季羡林曾有一个奇遇，一个北大新生趾高气扬地走进校园，看到季羡林在宿舍旁边，就叫住让他帮忙看一下行李。季羡林虽然很忙，但也什么都没说，老老实实地帮这个学生看行李，直到他忙了一圈回来。当这个学生知道为自己看行李的人竟然是季羡林，呆若木鸡。在常人看来，如此学富五车、享誉世界的大家，怎么能够忍受被一个年轻小生的颐指气使呢？不当头棒喝，也应该拂袖而去，让其明白自己的轻率。但季羡林没有摆架子，他认为自己不过就是一个普

通的老头儿，能帮人家的忙就帮。

放下你的学历，放下你的家庭背景，放下你的身份，让自己回归到“普通人”队伍，不仅能使你赢得更多人的拥护、支持和信赖，还会使你的力量和机会都获得成倍的增长。

俗话说得好：“马的架子越大越值钱，人的架子越大越卑贱。”天不言自高，地不言自厚，事实往往是这样，你越摆身架越掉价，不摆身架才更有架子。

人生感悟

身架与身价，既能给人带来荣耀，也可能会毁掉一个人的名声。不管你是谁，曾有过多么傲人的成就，若是摆架子，就会招人厌烦，使自己的路越走越窄。

188. 大多的病痛，都是我们想象的结果

我们知道，有些人沉溺于感觉身体不好的习惯中。不管睡得多香，胃口有多好，或者看起来有多健康，每一个关于他们身体状况的问题，都会遇到千篇一律的否定回答，用沮丧的腔调回答说——“哦，我今天不太舒服”、“我觉得难受”、“我很虚弱”、“我生病了”或者“我早晨起来的时候就头痛难忍，我知道我这一天都过不好。”他们唯一感兴趣的话题就是他们自己。他们从不会厌倦谈论病症，他们越是谈论食欲不振，或头、胃、背、身体其他部位的某种疼痛，他们就越是会感到浑身不适。

多少人都没意识到他们的疾病都是由自身引起的！他们习惯了感

觉不舒服，不去努力克服身体上小小的不适，反而乐此不疲地向别人唠叨个没完。他们不是靠呼吸新鲜空气来战胜疾病，而是靠吞下头痛药片或其他标榜有某种特殊功效的、能治疗他们认为自己正患的那种疾病的药。他们时时刻刻心疼自己，也试着从别人那里博取怜悯和同情。过分地关注于自身的疾病，使他们不自觉地被那些恐惧和疾病的假想所蒙蔽，更确信自己真的得病了，直到连正常的工作都无法继续。

这种可怕的猜想，就算是训练有素的运动员也不会健康。如果你想成为自己的朋友，那么你必须首先成为你身体的朋友，你必须坚信它们是完美无缺的，是健全的。你必须把它们想象成朋友而非阻碍你成功和毁掉你生活的敌人，不要再杞人忧天了，试想你是多么健康啊，然后你会发现自己变得生机勃勃。

人生感悟

过分地关注于自身的疾病，使我们不自觉地被那些恐惧和疾病的假想所蒙蔽。杞人忧天，无论多么健康，最终都会被疾病击倒。

189. 真正聪明的人会装傻

做人不能太单纯，单纯不是错，关键是社会过于复杂，若想有立足之地，就要懂得深藏不露。

从古到今，“装傻”就是一种智慧，就是一种艺术。诸如“扮猪吃老虎”、“装疯卖傻”等的事例，屡见不鲜。战国时的孙膑装疯卖傻，骗过了构陷他的庞涓，终于伺机逃脱了庞涓的魔掌；三国时的司马懿假痴不癫，让权力欲望极强的曹爽误以为真，为自己积聚实力赢得了宝贵的时间。

俗话说："树大招风。"越是有本事的人越是容易招致嫉妒，正所谓"高处不胜寒"。真正聪明的人不会处处显示自己比别人有能耐，特别是关键时刻要会装糊涂，而且一定要糊涂到底。

朱子对"明哲保身"予以诠释："明是明理之明，哲乃了然于心，保身则是依道理进退而处世，于是罪行、灾祸不至。"如果有人把自己的实力毫不隐瞒地展现无遗，很容易遭人算计，岂不是自讨苦吃？如果你是一个很有才华的人，要想做到不露锋芒，既有效地保护自己，又能充分发挥聪明才智，就必须克服好表现自己的心理。凡事不要太张扬，不要锋芒毕露，要养成谦虚的美德，含而不露对你有百利而无一害。

当然，深藏不露是站在不露的立场，来求取合理的露，以免露得过分或不及，对自己有害。有能力必须合理地表现，凡事量力而为，才能恰到好处。

聪明是耳聪目明，要感知洞察。生活大抵更需要历练和智慧，要生活下去，即使洞察仍要恍若无知。所谓，难得糊涂，其实不过一个字，忍。这样，既不会招来不必要的麻烦，又可以"无智而安"，何乐而不为呢？

人生感悟

真正聪明的人不会处处显示自己比别人有能耐，特别是关键时刻要会装傻糊涂，而且一定要糊涂到底。

190. 学会为你的对手叫好

在日常生活中，人们常常视对手为“敌人”，并提醒自己：他是我的竞争对手，也就是我的敌人！他成功了，我就会失败！当我们看到自己取得成功的时候总是兴奋不已，希望有人为自己鼓掌。可是当对手，包括你的“假想敌”取得成功的时候，是大声叫好还是不屑一顾？

有一家知名企业在中央电视台举办招聘，三位求职者为海外经理一职展开激烈的角逐。其中一位求职者当竞争对手说到精彩处时，竟然情不自禁地为之鼓掌，引得现场观众和评委们也跟着鼓起掌来。他的这种气度令人折服，最后企业代表和评委们一致决定把聘书发给这位善于为别人鼓掌的年轻人。

把掌声送给别人，不是刻意抬高别人，贬低自己，更不是吹牛拍马、阿谀奉承，而是对别人的闪光点进行肯定。2007 年 6 月 10 日晚，法国网球公开赛进入最后一天的争夺。在引人瞩目的男单决赛中，大赛 2 号种子、西班牙天才少年纳达尔经过四盘苦战，以 3 - 1 击败大赛头号种子、瑞士天王费德勒，连续第三年获得法网男单冠军！四盘的具体比分为 6 - 3、4 - 6、6 - 3 和 6 - 4。赛后费德勒并没有因自己的失败而沮丧，而是为对手的精彩表现而鼓掌。

为对手叫好的例子还有很多。为对手叫好，是从心底承认对手的实力；为对手叫好，是对自身缺陷的一次深刻反思；为对手叫好，彰显出了一种直面输赢的成熟与大气；为对手叫好，是一种历经千锤百炼才具有的昂扬姿态。

生活中有许多人只知为自己取得的进步和成功欢呼，对别人尤其是对手取得的进步和成功无动于衷，他们很少真诚地为别人和对手叫好。但是，所有的敌人都可能是你的对手，但对手不一定就是你的敌人。他们有可能是你的动力、朋友乃至知音。为对手叫好，并不代表自己就是弱者。为对手叫好，非但不会损伤自尊心，相反还会收获友谊与合作。尤其是你平日与他相处得很紧张、很不快乐的人成功了，这时候，你为他鼓掌，会化解对方对你的不满和成见，改变他对你的态度，他会觉得你慷慨地付出自己的真诚，从此，他也会给你支持。人都是这样，死结越拧越紧，活结虽复杂，却容易打开。

为对手叫好是一种智慧，因为你在欣赏他们的同时，也在不断提升和完善自我；为对手叫好是一种修养，赞赏对手的过程，也是自己矫正自私与妒忌心理，从而培养大家风范的过程。

人生感悟

为对手叫好，是从心底承认对手的实力；为对手叫好，是对自身缺陷的一次深刻反思；为对手叫好，彰显出了一种直面输赢的成熟与大气；为对手叫好，是一种历经千锤百炼才具有的昂扬姿态。

191. 你是独一无二的，别做他人的盗版

看起来很平常很自然的一句话，有时细想想却是那么的不容易。“做回自己”，自己的事情当然可以自己做主，做回自己有何难？可是就是简简单单的做回自己却成了世间最难的事情。在人生这条漫长而曲折的道路上，总有一些东西不在我们的掌握之中，我们总会因他人

的眼光而改变自己。也许你身边总有些人告诉你，你应该怎样做；提醒你，你该成为什么样的人；告诫你，你不能违背规则。这时，你还会做自己吗？

在一个美丽的花园里，有苹果树、橘子树、梨树和玫瑰花。花园里的所有成员都是那么快乐，唯独一棵小橡树愁容满面。可怜的小家伙被一个问题困扰着，那就是，它不知道自己是谁。

苹果树认为它不够专心："如果你真的努力了，一定会结出美味的苹果，你看多容易！"玫瑰花说："别听它的，开出玫瑰花来才更容易，你看多漂亮！"失望的小树按照它们的建议拼命努力，但它越想和别人一样，就越觉得自己失败。

我们也时会像这株小橡树，在某个时刻迷失自己，想模仿他人而不成功，结果愈来愈枉然。法国作家心涅科尔曾说："对于宇宙，我微不足道，可是对于我自己，我就是一切。"你就是你，不是别人的翻版。每个人都有自己的独特的个性和潜能，善于将其开发出来，你才能够活出真正的自己。不做他人的盗版，保持真我本色，你就能成为最好的自己。

意大利著名影星索菲娅·罗兰自1950年进入影视圈以来，已经拍过六十余部影片，还获得过1961年度奥斯卡最佳女演员奖。但是，当年只有16岁的她来到罗马想圆演员梦时，有人嫌她个子太高，臀部太宽，鼻子太长，嘴太大，下巴太尖，一点儿都不像电影演员，甚至有的人劝她去做整容手术。但索菲娅没有被别人的议论所左右，而是义无反顾地走自己的路——索菲娅坚持做自己。

成为第二个乔丹，是很多篮球明星追求的梦想，记得科比刚进联盟时，所做的每一个动作都有乔丹的影子，甚至扣篮时吐出舌头。但近年来成熟的科比已经让人只记得他就是科比，不需要模仿任何人了——科比已经找回了自己。

是做自己，还是模仿自己所崇拜的人？有些人对此拿不定主意。实际上，每个人只有按自己所期望的生活方式去生活，做自己真正想做的事情，内心的焦虑和冲突才会消失。如果因做他人的盗版而弄丢了自己，是不值得的。

做回自己，此后人生也许会更精彩；做回自己，因为你有你的未来！

人生感悟

人生并非一定要按着图纸去行动，因为未来，是最莫测的东西。

192. 时刻保持你内心的平静

当两个人起冲突的时候，常以为好好吵一架可以帮助他们澄清状况，解决手边的问题。偏偏这样的情形很少发生，而且结果恰恰相反。怒气是很容易传染的，于是吵架往往一触即发。吵架的时候，我们最在乎的通常是证明自己是对的，至于对方的观点到底是什么，我们其实并没有那么在意。于是，争执便没完没了。

当两个人（或更多人）开始吵起架来，往往更难找到解决的办法。争吵这种事，很少有绝对的输赢，但所带来的负面情绪却可能维持良久。各位或许都曾经生气地指责过你的父母、兄弟姐妹或孩子吧，想想看，在这些经验里，你有几次听到过他们这样回答你：“对不起，我真的很抱歉。谢谢你指出我的不对。这样的错我下次绝对不会再犯了。你能不能原谅我？”我们每个人或许都曾经如此幻想过，但是，很遗憾，这个幻想成为真的可能性很低很低。

争吵的时候，我们往往对人不对事，将注意力全都集中在对方的怒气上头，而忽略了事件本身，即使这件事非常重要。一个人，要时刻保持内心的平静，不要指望发怒能解决一切问题，更多的时候，原来的问题没有解决，又衍生了其他的问题。

| 人生感悟 |

争吵这种事，很少有绝对的输赢，但所带来的负面情绪却可能维持良久。

193. 处处高姿态，只会招致别人的嫉妒

这个世界往往有两种强势的人，一种是站在高处，等着别人来仰视自己的人，一种是时刻处在低位，隐藏实力、明哲保身的人，站在高处的人总有一天会被人拉下来，身处低位的人却总是游刃有余，长久地生存下去。同样都是强者，但是不同的姿态往往决定了不同的命运，之所以会出现这样的情况，就在于每个人都具有嫉妒心。

俗话说："佛争一炉香，人争一口气。"这个社会竞争日益激烈，每个人都想着如何能够出人头地，都想着技压一筹，成为人上之人，所以不免要高调行事，不免要高调做人。可是越是高调反而越是容易成为他人攻击的对象，越是强势越容易被人排挤。东晋道教学者葛洪说："劳谦虚己，则附之者众；骄慢倨傲，则去之者多。"那些总是摆出一副高姿态的人往往会被大家嫉妒和排斥。

一个人如果拥有过人的能力，拥有高于常人的智慧、地位、财富和名声，这些都是很好的竞争优势，但是如果不能善用这些优势，那

么优势最终很可能会成为劣势。所以做人还是应该低调一些，要懂得隐藏自己的锋芒，要懂得保持低姿态，哪怕你站的比别人要高，也要尽量站在和别人一样的位置上来看待问题，只有这样才会让其他人放下防备之心，才能够为自己赢得更多的生存空间。

人生感悟

一个人如果表现过于出众，那么必定会被人打压和排挤。做人如果自命不凡、行事高调，那么往往很容易遭到别人的攻击，而且越是高姿态的人越是容易成为别人攻击的目标和对象。